新时代公共管理前沿问题研究丛书

本书为广州市人文社会科学重点研究基地——广州农村治理现代化研究基地研究成果

数字治理视角下的农民在线教育

潘军 著

SPM
南方传媒

广东人民出版社

·广州·

图书在版编目（CIP）数据

数字治理视角下的农民在线教育 / 潘军著. -- 广州：

广东人民出版社, 2024. 9. -- ISBN 978-7-218-17938-4

Ⅰ. G725

中国国家版本馆CIP数据核字第2024LV2136号

SHUZI ZHILI SHIJIAO XIA DE NONGMIN ZAIXIAN JIAOYU

数字治理视角下的农民在线教育

潘 军 著

出 版 人：肖风华

责任编辑：廖志芬　梅璧君
责任技编：吴彦斌
装帧设计：奔流文化

出版发行：广东人民出版社
地　　址：广州市越秀区大沙头四马路10号（邮政编码：510199）
电　　话：（020）85716809（总编室）
传　　真：（020）83289585
网　　址：http:// www.gdpph.com
印　　刷：广州小明数码印刷有限公司
开　　本：787mm×1092mm　1/16
印　　张：15　　字　　数：237千
版　　次：2024年9月第1版
印　　次：2024年9月第1次印刷
定　　价：57.00元

如发现印装质量问题，影响阅读，请与出版社（020-85716849）联系调换。
售书热线：（020）87716172

总　序

党的十八大以来，中国特色社会主义进入了新时代。随着科技的进步、全球化的推进以及社会结构的变迁，公共管理的理论、方法和实践都在经历着深刻的变革。在这个新时代背景下，我们迫切需要深入探讨公共管理领域的前沿问题，以推动理论与实践的双向发展，更好地服务于国家治理体系和治理能力现代化的总体目标。"新时代公共管理前沿问题研究丛书"的出版，正是基于这样的历史使命和时代要求。

华南农业大学是国家"双一流"建设高校，是一所以农业农村研究见长的综合性大学。华南农业大学公共管理学院拥有公共管理和社会学两个一级学科，公共管理学科是广东省优势重点学科。学院学科建设的原则是入主流、强特色、聚焦乡村、聚焦基层。现阶段学院正在扎实推进公共管理新文科建设，推进公共管理学科与学校新农科、新工科融合发展，力求形成以农村公共管理为鲜明学科特色，以城乡基层治理为特色方向的完备的学科体系，将学院建成华南地区研究农村公共管理的高地。近年来，学院教师深入乡村、基层开展调查研究，把论著写在祖国的大地上，产生了一批优秀的学术研究成果。学院将部分优秀成果结集出版，并命名为"新时代公共管理前沿问题研究丛书"。这套丛书的出版是我们在学科建设上的一次有益尝试，未来我们将继续选编出版学院教师撰写的优秀学术成果。

本套丛书由六部专著组成，包括史传林教授撰写的《社会治理中的政府与社会组织合作绩效研究》、陈玉生副教授撰写的《过渡社会的治理逻辑研究》、徐强副教授等撰写的《城乡居民基本养老保险制度的现状调查与路径优化研究》、郑浩生副教授撰写的《数字赋能政府建设与治理实践》、马华教授撰写的《岭南乡村振兴与治理探索》、潘军教授撰写的《数字治理视角下的农民在线教育》。本套丛书的内容广泛而深入，一方面，深入挖掘和分析了公共管理领域的前沿理论问题，提出了一些具有创新性和前瞻性的观点；另一方面，又紧密结合国内外公共管理的实践案例，对理论进行了生动的诠释和验证。这套丛书的出版，不仅为公共管理学科的发展注入了新的活力，也为广大读者提供了一份宝贵的学习资料。

　　本套丛书的出版离不开华南农业大学公共管理学院领导班子的重视和支持，离不开学院各学科团队的强力组织和参与。正是他们的努力，让这套丛书顺利完成。在此，我首先要对学院领导和各学科负责人表示衷心的感谢！其次，还要感谢所有参与撰写本套丛书的作者，他们的专业知识和丰富经验为本套丛书的质量提供了有力保障。最后，我要感谢为本套丛书的出版付出辛勤劳动的广东人民出版社的编辑们，他们专业负责的工作使本套丛书得以顺利出版。

　　作为丛书主编，我希望广大读者能够关注和支持这套丛书，共同推动公共管理学科的发展，为新时代的国家治理体系和治理能力现代化贡献智慧和力量。

史传林

2021年10月5日于广州五山

前　言

　　党的十九大提出乡村振兴战略，乡村振兴的关键是人才。据第三届全国农业普查，截至2016年12月31日，中国有乡村人口5.89亿，农业从业人员3.68亿，但是，大专以上学历的人数只占农业经营人员的1.2%。可见，农业经营人员的整体素质亟须提高。农民的整体素质不提高，乡村振兴很难实现。党和国家近年来特别重视新型职业农民的培育，自2012年中央一号文件提出培育新型职业农民以来，之后每年的中央一号文件都对培育新型职业农民作出了要求。新型职业农民的培育也取得了显著的成绩和成效。

　　但是，中国农民的基数大，整体素质偏低，政府每年投入的培育只能满足少部分农民的教育需求，此外，政府提供的农民教育绝大部分是线下培训，耗费的资金和资源都相当大。政府财政不仅要提供培训的实施费用，还要提供学员来往的交通、住宿等费用，而且，学员还必须放下手中的农活，到指定的地方去脱产学习。学习的课程都是事先安排好的，农民自己没有选择，只能是被动接受。一方面是农民对教育的需求很大，另一方面是政府的农民教育资源供给有限。当前，农民教育市场显现的是一种供需不平衡的状态。

　　因此，在这样一种背景下，农民的在线教育就显得非常必要。在线教育源于远程教育，是远程教育在信息技术快速发展过程中的新类型、新方式。远程教育经历了函授教育、广播电视教育，发展到以信息和网络技术为基础的现代远程教育。我们现在提的在线教育是基于移动互联网技术的现代远程教育，可以看作是远程教育的第四代。从函授教育到在线教育的变化不仅是一种教育方式的转变，更是一种教育理念的变革。

农民在线教育的兴起与发展，使得农民在家里或者在劳作中都可以学习，不受时间和空间的限制，而且可以自主选择想学的知识。农民在线教育的成本相对较低、学习方式灵活，一方面补充了线下培训资源的不足，另一方面也节省了农民的时间，突破了农民学习在时空上的限制。互联网技术的快速发展，尤其是5G时代的到来，为在线教育的发展提供了无限的空间，在线教育也成为当今这个时代一种重要的教育类型。但是，在线教育能否被农民所接受、农民在线学习平台如何构建、农民在线学习平台如何推广、农民在线学习习惯如何培养等一系列问题，都是需要研究的。目前，在线教育还不能为大多数农民所接受，更不用说学习习惯的培养。因此，虽然农民在线教育发展潜力大，但是还有很长的路要走。

正值此书写作阶段，遭遇2020年的新冠疫情，一边在家构思写作，一边体验在线教育。这个特殊时期的在线教育不仅为农民在线教育的写作提供了新的思路，也为农民在线教育写作提供了鲜活的案例，同时，还为农民在线教育的写作坚定了信心，因为我们亲身体验到了疫情期间在线教育的快速成长，也包括农民在线教育。学生、老师、家长都"被迫"进入一个在线教育的场域中。以前大家还在怀疑在线教育到底好不好、要不要接受，而现在我们讨论在线教育如何优化，我们不得不主动拥抱在线教育。农民教育也一样，以前农民不接受甚至不知道在线教育，现在也进入了这个场域里，只要你拥有智能手机并安装了相关软件，在线教育便"如影相随"。

本书之所以命名为《数字治理视角下的农民在线教育》，是因为我们感受到，数字技术的发展不断拓宽教育的时间维度和空间维度，给教育发展带来新的契机和挑战。数字技术作为一种新的生产力，正在推动生产关系的变革，深刻改变着社会的各个领域。那么，随着数字技术的快速发展，将给教育带来哪些重大变革呢？当然，教育的本质和规律没有变，但是，在数字化时代，教育的理念、方法、手段都在相应发生变化。基于数字治理的视角是想说明在线教育是一个涉及教育、信息、管理等多维度的系统工程，需要用数字思维来解决问题，需要用数字技术来发展和创新。数字化和云计算是相关联的，云计算为数字化转型提供便利。云计算在教育领域中的迁移称之为"教育云"，是未来教育信息化的基础架构，包括了教育信息化所必需的一切硬件计算资源，这些资源经虚拟化之后，向教育机构、教育从业人员和学员提供一个良好的平台，该平台的作用就是为教育领域提供云服务。因此，在构建本书的写作思路时，充分体现了未来农民在线教育的发展方向与农民教育的特色，我们的研究直接从5G时代开始，研究5G以及5G时代以后的在线教育特点。我们的研究旨在揭示在线教育的逻辑，包括在线教育课程的设计思路，直面农民在线教育的各种问题，深入调研并分析农民在线教育的需求和供给以及需求和供给之间的矛盾。同时基于"云"思维，构建农民在线教育云平台。最后，提出农民在线教育的政策、法律与技术保障。

从某种程度上讲，这本书是一本开脑洞的书，也是一部真正意义上实现理论与实践相结合的著作。因为很多知识是探索未知的，云平台的建设和思路是在实践中探索并超前设计的，相关的政策建议也是面向未来的。

CONTENTS 目录

第一章　5G时代学习的特点　　　　　　　　　　　　／001

　　第一节　什么是5G　　　　　　　　　　　　　　／002

　　第二节　5G时代的特点　　　　　　　　　　　　／007

　　第三节　5G时代教育方式的新转变　　　　　　　／010

　　第四节　在线教育行业应该如何迎接5G时代　　　／018

第二章　在线教育的逻辑与课程设计思维　　　　　　／023

　　第一节　在线教育的内涵、特征和逻辑　　　　　／024

　　第二节　在线课程设计　　　　　　　　　　　　／038

　　第三节　新冠疫情背景下在线教育的机遇与挑战　／046

第三章　职业农民与学习　　　　　　　　　　　　　／057

　　第一节　什么是职业农民　　　　　　　　　　　／058

　　第二节　学习在农民职业化过程中扮演重要角色　／076

第四章　农民在线学习　　　　　　　　　　　　　　／085

　　第一节　农民学习的特点　　　　　　　　　　　／087

　　第二节　农民在线学习的动机　　　　　　　　　／095

第五章　农民在线教育需求与供给　　　　　　/ 111

第一节　农民在线教育理论基础　　　　　　/ 112

第二节　农民在线教育的市场需求　　　　　/ 119

第三节　农民在线教育供给　　　　　　　　/ 124

第六章　农民在线课程体系开发　　　　　　　/ 137

第一节　在线课程设计　　　　　　　　　　/ 138

第二节　在线课程开发　　　　　　　　　　/ 144

第三节　在线课程更新与维护　　　　　　　/ 149

第七章　农民教育云平台构建　　　　　　　　/ 153

第一节　农民教育云平台的定义与基本构成　/ 154

第二节　农民教育云平台的搭建　　　　　　/ 162

第三节　农民教育云平台的运营　　　　　　/ 189

第八章　农民在线教育保障体系　　　　　　　/ 203

第一节　政策保障　　　　　　　　　　　　/ 205

第二节　法律保障　　　　　　　　　　　　/ 220

第三节　技术保障　　　　　　　　　　　　/ 223

后　记　　　　　　　　　　　　　　　　　　/ 229

第一章

5G 时代学习的特点

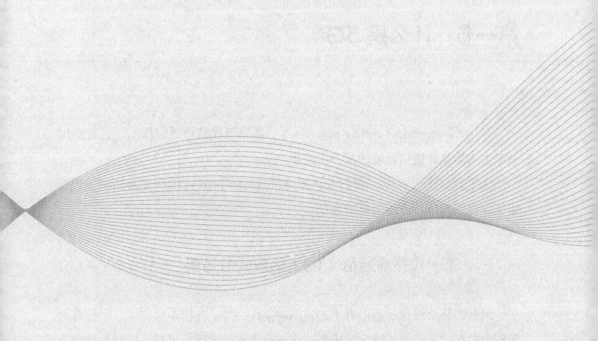

2019年11月20日至23日，北京亦创国际会展中心里人头攒动，来自全球40多个国家和地区的专家、学者、官员、企业高管、单位领导等共计2000余人，出席了首届"世界5G大会"。

在三天时间里，大会围绕"5G改变世界、5G创造未来"的主题，组织了多场5G技术研讨会，展示了多家企业的5G场馆，并针对5G应用软件进行竞赛排名。这既是一次对5G成果的总结，又是一次对未来5G的展望。整个活动期间，诸如4K高清同步课堂、远程驾驶、远程医疗、数字城市安全系统、无人机救援等以5G技术为支撑的一系列演示，令现场观众啧啧称奇。

一切迹象表明，人类不知不觉中实现了移动通信领域的新跨越，我们已经进入了5G时代。

第一节　什么是5G

5G（5th generation mobile networks），即第五代移动通信技术，它是在4G基础上人类移动通信领域的又一次跨越。

为了更好地认识5G，我们有必要简单回顾一下1G到4G的发展历史，以及中国在移动通信行业中的地位变化。

一、第一代移动通信（1G）的成就与局限

最初的移动通信技术出现于20世纪20年代，为了方便军事联系，一种有别于固定的有线通信方式被发明出来并逐步投入实际运用。可是，此时的移动通信虽然代表了通信技术的巨大进步，它却更多地停留在军事领域，不具备民用的基础。

移动通信技术最早推广至民用范围，始于20世纪80年代。欧美国家经过几十年的实践，开发了模拟传输技术。当该技术广泛应用到移动通信领域之后，带来了民用通信的初步尝试。这一时期在后来被称为1G时代。

1G的主要技术标准，包括美洲的AMPS[①]系统、欧洲及日本的TACS[②]系统。以摩托罗拉为代表的移动终端生产企业迅速崛起，开发出第一代移动终端产品，起名为手提电话（俗称"大哥大"）。

1G自诞生之后，取得了两项引人注目的成就：

其一，它第一次将移动通信做了民用推广，引发了人们对新型通信模式的好奇和探索。

其二，它采用的蜂窝无线组网方式，成为后来基站建立、跨区域漫游等方面的标准模式。

不过，由于1G处于移动通信的起始阶段，它有着不可逾越的局限性：

其一，通信容量狭小，仅支持数量有限的语音通话。

其二，它的终端外形庞大、机体沉重且造价昂贵，很难在普通民众中广泛推行。

其三，通信费用极其昂贵，仅有部分富裕人群能够承受。

其四，通信保密性差，安全性低，抗干扰能力也不佳。

1987年，在欧美国家的带动下，中国加入了全球移动通信的大家庭，对第一代移动通信做了简单的引进。但是，1G建设规模和用户数量都极为有限。从发展程度来说，中国在1G时代整体处于观望阶段。

二、第二代移动通信（2G）的成就与局限

20世纪90年代，为了应对第一代模拟通信技术的不足，欧美科研人员开发出数字移动通信技术。该技术使得人类顺利跨入了移动通信的第二个时代，即

---

① AMPS: Advanced Mobile Phone System，即高级移动电话系统。

② TACS: Total Access Communication System，即全接入通信系统。

2G时代。

2G的主要技术标准，包括美国的DAMPS①、IS-95系统和欧洲的GSM②系统。诺基亚、爱立信等新兴通信企业快速崛起，生产的2G手机也全面取代了1G终端。

2G的主要成就：

其一，将1G单一语音通信，扩展为语音、短信两种主要类型。

其二，将之前的模拟技术，转变为数字技术，极大提升了语音的清晰度和文本信息的传递能力。

其三，与第一代手提电话相比，2G手机的重量大幅减轻，在品质、型号、种类等各方面也出现了多样化趋势。

2G的局限性：

其一，与后来的移动通信技术相比，2G传输能力相对有限。

其二，由于传输能力有限，通信类型主要停留在接打电话、收发短信的层面。

其三，移动终端处于非智能化阶段，无法存储和处理更多数据。

面对2G时代的到来，中国政府已经初步认识到新型通信的重要性和紧迫性，开始加大2G的建设和研发。1995年起，中国主要省会城市广泛投建第二代通信网络，2G的用户规模迅猛增长。可是，由于中国通信研发实力落后，绝大多数情况下只能靠学习和借鉴西方国家的移动技术。因此，这一阶段被认为是中国移动通信的追赶时期。

三、第三代移动通信（3G）的成就与局限

2007年，经由多国科技企业的共同努力，互联网被成功引入移动通信领域，初步形成了具有多媒体交互传输性质的第三代移动通信网络，世界步入

---

① DAMPS: Digital Advanced Mobile Phone System，即数字先进移动电话系统。

② GSM: Global System Mobile Communications，即全球移动通信系统。

3G时代。

3G的技术标准，包括美国的CDMA[①]2000系统、欧洲及日本的W-CDMA[②]系统、中国的TD-SCDMA[③]系统。以苹果、三星为代表的移动终端生产企业，以其精良的产品，取代了此前盛极一时的诺基亚、爱立信和摩托罗拉等公司，成为3G移动终端的主要生产商。自此，3G智能手机取代此前的非智能手机，成为行业的主流产品。

3G的成就：

其一，互联网接入移动通信，给人们提供了一种获取网络资讯的重要途径。

其二，声音和数据传输的能力获得了成倍的提高，实现了全球范围内的无缝漫游。

其三，除了语音通话、短信发送功能之外，3G具备了图像、音频、视频的处理能力，并在网页浏览、多方通话等方面取得了长足进步。

3G的局限性：

其一，网络传输能力较差，速度和稳定性都不能满足用户的使用需求。

其二，网络接入成本过高，致使流量费用昂贵。

其三，手机软件开发能力滞后，众多应用功能无法实现，大多数人仍然使用计算机进行工作、学习和交流。

2008年底，中国正式启动3G建设，提出了具有自主创新性质的无线通信国际标准TD-SCDMA移动通信国际标准，继而进行产业化推广。至此，无论是在3G基站的建设规模，还是通信服务质量上，中国都取得了很大的成就。相较于1G、2G时代的滞后局面，此时的中国移动通信已经融入国际，成了较为重要的标准制定者和研发跟随者。

_____

① CDMA: Code Division Multiple Access，即码分多址移动通信技术。

② W-CDMA: Wideband Code Division Multiple Access，即宽带码分多址移动通信技术。

③ TD-SCDMA: Time Division-Synchronous Code Division Multiple Access，即时分同步码分地址。

四、第四代移动通信（4G）的成就与局限

2010年前后，为了适应移动数据、移动计算以及移动多媒体等方面的需求，全世界科研人员通过对3G通信网络不断修改和完善，提出了第四代应用技术，称之为4G。

4G的主要技术标准，包括TD-LTE①、FDD-LTE两大类型。而4G移动终端的生产也彻底打破了苹果、三星的垄断地位，中国的华为、小米等科技公司积极抢占市场份额，生产出多种型号和款式的4G智能手机设备。

4G的成就：

其一，通信和传输能力获得了十倍计的提升，网络性能和智能程度得到了极大优化。

其二，手机应用软件爆发式增长，电脑和传统互联网所具有的功能，基本上都能通过智能手机得以实现。

其三，4G平均流量资费大幅降低，用户得到了更好的网络服务和使用体验。

4G的局限性：

其一，由于第四代移动通信技术的发展是多点开花式，造成国际通信标准的混乱，影响了国际漫游的范围。

其二，4G网络容量存在上限，用户数量增多之后，平均网络速度会呈现下降趋势。

其三，随着应用软件不断增多，个人信息很可能在不知不觉中被人盗取，同时存在个人资金方面的安全隐患。

2013年底，中国开始正式铺设4G移动通信网络，短短几年时间里，共建有4G基站300多万个，基本实现了主要地区村级覆盖，用户规模超过人口总数的一半。无论是建设规模，还是用户比例，皆处于世界领先位置。特别是在手机终端制造行业，中国彻底实现了手机国产化，甚至在国际市场上占据了很大

---

① LTE: Long Term Evolution（即分时长期演进），包括TD（Time Division 即时分双工）和FDD（Frequeney Division 即频分双工）。

的出口份额。4G时代，中国已然成为国际通信行业的重要参与者。

五、第五代移动通信（5G）

5G的总体构想肇始于2013年，包括中国、欧洲、美国、日本、韩国等国家和地区在内的众多科技企业参与其中。经过几年时间的研发，通信行业突破了大量5G核心技术的难点和要点，具备了现实应用能力。与此同时，基于5G的智能手机等终端设备也大量生产并投入使用。

值得一提的是，以华为、中兴为代表的中国企业，经过刻苦攻关，取得了5G专利数量上的绝对优势。2019年，中国通信商与科技企业加强合作，着手建设全覆盖式的5G网络，这一年被称为5G商用元年。

总体来说，全球移动通信技术处于不断进步过程中，信息传递能力呈几何倍数提高。中国经历了观望、追赶、跟随、参与阶段之后，已经跃升为全球移动通信行业的领跑者。

第二节　5G 时代的特点

一、5G的三则应用案例

2018年3月24日，中国移动公司在雄安新区进行了首次基于5G网络的汽车自动驾驶实验，测试人员在20千米以外，完成了对汽车的启动、加速、减速、转向等操作，网络时延始终保持在6毫秒以内。这是一次成功的项目测试，它验证了5G的网络核心能力，迈出了汽车自动驾驶从梦想到现实的重要一步。[①]

———————

① 中国雄安官网. 雄安首次5G远程自动驾驶行驶测试完成［EB/OL］.［2018-03-26］.

2019年1月，华为公司联合中国联通福建分公司、福建医科大学孟超肝胆医院、苏州康多机器人有限公司，共同开展了一项重要实验。身处福建中国联通东南研究院的医生，通过5G网络远程操作一部机器人，为50千米外的孟超肝胆医院内的动物进行了肝小叶切除手术。这是世界上首次通过5G技术实施的远程外科手术，全程用时约60分钟，手术创面整齐，全程不见一丝血迹，实验动物的生命体征平稳，手术取得圆满成功。本次实验囊括了5G网络提供商、5G网络运营商、医院医护人员、远程机器人生产商和网络开发人员等一系列参与者，是一次多环节、多内容的联合实验[①]。

2019年10月2日，中国移动山东分公司、华为公司在山东著名的青岛港联合完成了首个5G专网的安装调试。通过5G平台，对港口内的龙门吊进行了远程操作，并取得圆满成功。此举意味着青岛港的大型集装箱货物的装卸工作，已经由电脑自动操作取代了人工操作，成为智慧港口的典范[②]。

诸如此类的例子，让我们随时随地感受到5G的强大魅力和发展前景。5G就像一个超大超宽的信息高速公路，具有超乎想象的信息携载量和信息运输能力，必然引发人类社会生产和生活方式转变。

二、5G的优势与特征

总体说来，相对于1G至4G移动通信技术，5G具有三个优势：

其一，高速率。5G网络的理论传输速率可以达到4G网络的10倍以上，能够实现每秒钟GB级别的流量传输。网速的加快，将会多方面改变人们的生活。例如，提高了文件上传下载的速度、提升了超清视频的清晰度、提供了3D视频的速度基础等。

其二，低时延。5G网络时延可以低到以毫秒为计，保障了信息交互的同步性。对于那些网络同步性要求极高的领域，5G的低延时性有效促进了这些

---

① 华为官网. 世界首例5G远程外科手术测试成功 [EB/OL]. [2002-04-15].

② 中国移动与华为助力青岛港前湾港港区成功实现了龙门吊5G远程操控 [N/OL]. 通信世界，[2019-10-09].

行业的发展。如远程医疗、自动驾驶、工业控制、网络游戏等。

其三，广覆盖。5G通信基站的分布较为密集，人均可享受的带宽较之以往有了很大增加，使得同样密度的用户和设备可以分得更多的流量。5G的广覆盖将会带来物联网、智慧城市、智慧家居、智慧电网、智慧农业等方面的快速发展。

对于个人用户来说，5G网络给人最直观的感觉是上网速度变快，同一场景下，5G的下载速度可以达到4G的30多倍。用户通过5G网络观看视频时，即便拖拽进度条，也没有丝毫卡顿现象。如果进行网络直播，画质则更流畅。

但是，个人应用仅是5G的一个小领域。当5G与各类现代信息技术深度融合之后，它还引发了人工智能、云计算、大数据等方面的爆炸效应，产生出涵盖各个层面的应用价值。因此，5G除了自身优势之外，还具有广泛的多发优势。

5G时代带给人类的变化是方方面面的，但是总的说来，5G时代的特征表现在三个方面：

其一，5G将会成为社会信息交互的主动脉。5G不但兼具人与人之间的网络互联，还可实现人与物、物与物之间的有机结合，真正达到万物互联的程度。

其二，产业转型交由5G推动，在5G的助力下，全社会形成了网络化、数字化、云端化的局面，生产要素的配置效率得到极大提升。

其三，5G将会成为未来智能社会的新基石。它可以广泛应用于虚拟现实、车联网、智慧制造、智慧能源、无线医疗、无线娱乐、联网无人机、社交网络、人工智能辅助、智慧城市等众多基础性应用场景。[1]在这些基础性场景的相互配合之中，又可衍生出自动驾驶、智能家居、多场景办公、智慧教育等众多民用或商用题材。特别是在5G时代下，人工智能、大数据与在线教育的融合，这些技术的提升将会大大升级学习体验，有利于个性化教育的推进。

---

[1] 华为官网. 5G时代十大应用场景白皮书［EB/OL］.［2017–11–20］.

第三节　5G 时代教育方式的新转变

一、5G应用于教育领域的一则案例

广东实验中学是直属广东省教育厅的省级重点中学，在广东中学教育界有着举足轻重的地位。为了在教育信息化的大潮中紧跟时代步伐，2019年初，广东实验中学与中国联通公司合作，分别在高中部安装了4个5G基站、在初中部安装了2个5G基站、在越秀校区安装了2个5G基站。通过8个5G基站的连通作用，广东实验中学实现了所有校园建筑及操场的5G全覆盖。与此同时，在校园内部，广东实验中学又相继建设了5G远程互动教学、虚拟现实、智能校园管理三大5G教育场景。

2019年3月29日，一场由广东实验中学与中国联通公司共同举办的"5G·我即校园"教育应用落地发布会暨战略签约仪式，吸引了媒体和社会的目光。在本次发布会上，全国首次"5G+虚拟现实+远程互动教学"的实战演练，在广东实验中学所属的三个校区之间同时展开。5G超大带宽通道、4K超清互动视频设备、光学虚拟现实场景，为三个校区的同学提供了完美的学习保障，轻松实现共同上课、实时交流的目标。特别是在生物课堂里，老师借助5G+虚拟现实设备，将细胞分裂过程直观、立体地展现给同学们，将本次发布会推向了高潮。

这是一次跨校区、跨学校、跨地域的5G+教育的总实践，为我们打开了一扇了解5G移动通信条件下教育前景的大门。

与5G融合是现代教育的趋势，必然带给教育翻天覆地的变化。那么，我们应该关注5G+教育的哪些方面？5G场景下，教育方式将会发生怎样的变化？

二、5G通信网络下产生的几种新型教育方式[①]

（一）5G+虚拟现实教育

虚拟现实教育，是指利用现代通信网络，结合光学影像技术，以全息投影和三维立体影像的方式，让学习者能够获得如临其境的体验，是一种全新的教育方式。

在传统互联网时代，教育领域曾有意尝试对虚拟现实加以应用，但是由于网络速度慢、硬件落后、教育资源有限等，使用效果很不理想。随着5G时代的来临以及光电技术的发展，虚拟现实教育的生命力被彻底激发了出来。

2019年5月19日，苏州大学临床医学专业的教学课堂与以往不同，老师和学生们各自戴上特殊的眼镜，开启了一场5G与虚拟现实技术相结合的沉浸式教学。师生们透过头戴式虚拟现实眼镜和耳机，感觉自己已经身处在远方的一间手术室里，手术室的全部环境信息都能仔细辨识。在随后的腹腔镜胆囊切除手术的直播过程中，他们如身临其境一般地观摩了整个手术流程。遇到疑惑时，师生还通过虚拟现实设备，与手术室里的医生做了多种互动交流，直观地学到了难得的临床医学知识[②]。手术室要求保持无菌环境，学生很少有机会实地参观。然而，当5G与虚拟现实结合之后，时空局限被打破了，5G+虚拟现实重新构建了一种全新的教育方式。

5G+虚拟现实教育的几个优势：

其一，三维直观的教学内容和教学方式。借助虚拟现实技术，学生们的课堂体验从2D跃升到3D，所知所感不再是图书或黑板呈现出的平面内容，而是栩栩如生的三维内容。虚拟现实技术可通过自然的交互方式，将抽象的教学过程可视化、形象化，可以提供传统教材无法实现的沉浸式教学体验，能够极大提高学生获取知识的主动性和便利性。

---

① 关于5G时代的教育方式，主要参考中国联通《5G+智慧教育典型应用场景白皮书》。

② 扬子晚报网．苏州大学打造5G校园和360智慧教室　5G+VR沉浸式教学让医学生"走进"手术室［EB/OL］．［2019-05-19］．

其二，互动性和参与性强。通过虚拟现实所呈现的场景，学生可以亲身体验所学内容，直接参与到教学过程中，让学生可以亲眼看、亲耳听，甚至亲手做，能够充分调动学生的学习热情。

其三，减少教学中的风险。如化学、物理等需要动手操作和试验的学科具有一定的危险性。在5G网络条件下，利用虚拟现实技术，可以在多媒体计算机上建立虚拟实验室。学习者通过虚拟实验室操作虚拟仪器，获得实验结果。这种虚拟实验既不消耗器材，也不受场地等外界条件限制，可重复操作，直至得出满意的结果为止。因此，在保证同等教学效果的基础上，5G+虚拟现实教育大大降低了实验安全风险，同时也节约了教育成本。

其四，促进教育资源平等化。虚拟现实技术可以让不同地区的老师、学生聚集在同一个虚拟课堂中进行学习交流。因此，很多优质教育资源能以非常低的成本向三四线城市和偏远农村等教育欠发达地区倾斜，让教育欠发达地区的学生也能享受到名师的指点，能与发达地区的学生一起共享虚拟实验。

（二）5G+远程互动教育

2020年初，一场突如其来的疫情席卷了全世界，各行各业的生产生活节奏都被打乱，当然也包括教育行业。为了让学生能够如期完成学业，政府和学校共同努力，将那些原本学校里才能完成的教学任务，转移到网络上进行，"停课不停学"成了一时的热点话题。

然而，作为应对疫情的紧急措施之一，"停课不停学"也产生了一些问题。比如，当学生被要求进入规定的网站参加学习的时候，服务器承受不了如此繁重的访问量，网站几度崩溃。有的学习网站需要本地终端进行配置或者提供用户的验证信息，学生和家长无法解决这样的技术问题，迟迟不能登录。即便登录成功，还不免出现画面卡顿、声音不畅等问题。此外还有一个更为严重的问题，由于缺乏现场监督，绝大多数学生的听课质量都不理想。人们无奈地发现，远程教育带来一定正面作用的同时，也存在着硬环境和软环境方面的众多弊端。

现在，以上问题将在5G时代得到根本性的解决。因为5G在教育领域的重要应用之一便是5G+远程互动教育。5G+远程教育是指在充分利用5G网络的条件下，通过高清视频、音频通信以及多媒体协作，随时随地为学习者提供远程互动教学的一种教育模式。

让我们先看一个5G+远程互动教育的应用范例。

2019年12月28日，全国首例5G+4K高清远程互动音乐教学项目在山东临沂落地。中国联通山东分公司采用5G+4K高清同步课堂技术，将中央音乐学院的课程同步传送给沂蒙老区的孩子们。在这个远程互动的环境里，中央音乐学院的顶尖音乐老师给沂蒙老区的孩子们上了一堂难得的音乐课，随后沂蒙老区的孩子们还与首都的孩子们同唱了一首歌。[①]

5G+远程互动教育有以下优势：

其一，利用5G+4K超清视频，提升远程互动的性能、体验和网络覆盖面。

其二，利用5G网络切片技术，实现专网应用和定向应用，可使远程互动教育更加流畅、场景更丰富。

其三，通过协作、智能、开放的方式，打造支持各种远程教育的云平台。

（三）5G+人工智能教育

所谓人工智能教育，就是利用计算机模拟人的某些思维过程和智能行为（如学习、推理、思考、规划等），并将其应用于教育领域的一种教育模式。

2018年11月10日，北京师范大学发布了《人工智能+教育蓝皮书》，给出了"人工智能+教育"的五个典型应用场景：

智能教育环境。利用普适计算技术实现物理空间和虚拟空间的融合、基于人工智能技术作为智能引擎，建立支持多样化学习需求的智能感知能力和服务能力，实现以泛在性、社会性、情境性、适应性、连接性等为核心特征的泛在学习。

---

① 琅琊新闻网. 联通高标准打造全国首例5G互动音乐教学落地临沂［EB/OL］.［2019-12-28］.

智能学习过程支持。在各类人工智能技术的支持下，构建认知模型、知识模型、情境模型，针对学习的各类场景进行智能化支持，形成诸如智能学科工具、智能机器人学伴与玩具、特殊教育智能助手等学习工具，从而实现教学双方的交流、整合、重构、协作、探究和分享。

智能教育评价。人工智能技术会在试题生成、自动批阅、学习问题诊断等方面发挥重要的评价作用。更重要的是，可以诊断和反馈学习者的知识掌握情况、身体健康状况等细节，能够对学生做出智能评价、心理健康检测与预警、体质健康检测与发展性评估，也能对学生成长与发展做出规划。

智能教师助理。人工智能将替代教师日常工作中重复的、单调的、规则的工作，缓解教师各项工作压力，成为教师的贴心助理。人工智能技术还可以增强教师的能力，让教师能够处理以前无法处理的复杂事项，大幅度提升传授知识的效率，有更多的时间与精力来关注每个学生的身心全面发展。

教育智能管理与服务。通过大数据的收集和分析建立起智能化的管理手段，管理者与人工智能协同，形成人机协同的决策模式，可以洞察教育系统运行过程中问题本质与发展趋势，实现更高效的资源配置，有效提升教育质量并促进教育公平。[1]

2020年1月9日，为了促进个性化教育、提高学生综合素质、培养学科核心素养，云南省充分利用5G+人工智能新技术，在云南衡水实验中学建成了首个"5G+人工智能教育"项目。[2]该项目运用5G的优点，解决了传统教育服务中面临的重要问题，最终打造出云南省最先进的"5G+人工智能教育"实验室。该实验室采用人脸识别、语言语意理解智能助手、人工智能实时翻译等在线教学设备，针对不同年龄段的学生，优化个性化培养方案，帮助学生提升学习兴趣，运用多种学科知识交叉教学，满足不同层面的教育需要。

---

[1]　参考余胜泉主编：2018年人工智能+教育蓝皮书［M］，北京师范大学未来教育高精尖创新中心，内部资料。

[2]　新华网. 云南首个"5G+AI智慧教育"落户云南衡水实验中学［EB/OL］.［2020-01-09］.

5G+人工智能教育的作用主要体现在如下几个方面：

其一，课堂情感识别与分析。人工智能教学系统，可以自动识别课堂中学生和老师的面部表情和神态变化，帮助教学管理人员了解教师的授课风格和学生课堂表现，同时自动分析课堂互动时学生的语音情绪变化，帮助老师了解学生的学习状态。课后，老师还可以根据系统提供的数据，看到自己授课内容的吸引力程度及每个学生的学习情况，从而调整教学进度和授课方式，提高教学实效。

其二，课堂行为识别与分析。人工智能系统根据学生在课堂中的行为变化，形成对学生专注度和活跃度的分析，帮助老师了解课堂的关键活跃环节、学生的活跃区域分布等信息，帮助学校进行更细致的教学评估和更合理的教学管理工作。

其三，课堂互动识别与分析。通过语音识别等手段，人工智能系统自动收集课堂中师生互动的数据，标记课堂气氛变化情况，帮助老师找到互动的敏感点和关键点，优化互动的内容与频次。

其四，课堂考勤。通过人工智能技术，对出席课堂的学生进行面部识别，统计课堂的出勤率、识别出勤的学生，以此节省老师的考勤时间、提高学生的出勤率。

其五，学业诊断。人工智能教育系统可以通过综合统计数据，分析学生的学习习惯、知识基础、兴趣爱好、个人特长等信息，形成学业报告和个性化提升计划。针对每一位同学的不同需求，精准化推送学习资源和知识点拆解信息，实现因材施教的目标。

其六，多维度教学报告和个人成长档案生成。由于师生的教学过程全都以大数据的形式保存，人工智能系统可以根据每个人的不同需求，输出相应的教学报告。或者针对不同的学生，形成其个性化的个人成长档案。

总体来说，"5G+人工智能"使得教育资源产生结构性变化，让教育更智慧、更人性、更贴心，对于施教者和学习者双方皆有益处，乃是现代教育创新的一大驱动力。

（四）5G+智慧校园

5G+智慧校园，是指利用现代5G通信技术，整合教学资源、科研资源、教学服务、教务管理等内容，使校园具有"智慧"的一种综合教育及管理方式，堪称现代信息化技术在教育领域的总应用。

2019年4月19日，广东工业大学与中国移动广东分公司签订了5G+智慧校园战略合作协议，利用5G网络共同打造5G+智慧校园，成为中国首家建立5G+智慧校园的高等院校。广东工业大学方面表示，学校将以5G新技术为动能，助推校园信息化建设；以需求为驱动导向，推动技术落地生根；以建设智能环境为基础，厚植培养创新人才沃土，为学校师生搭建一个最现代、最先进、最人性化的智慧校园。①

经过半年多的建设，广东工业大学的5G+智慧校园总体落成。较之从前，广东工业大学迎来了诸多前所未有的改变：

（1）校园管理方面，建成"让数据多跑路，师生办事少跑腿"的"智慧广工"模式。学校师生想要办理手续或开具证明，只需利用网上办事大厅或者现场自助设备即可顺利完成。甚至一些会议也放在校园网络里举行，不用奔波赴会，实现了"工作思维信息化，权力运行公开化，办事套路简便化，服务模式人性化"的目标。

（2）教学形式方面，建成"让师生互动永不下线"的"智慧课堂"。通过更新原有的"新云课堂"，广东工业大学让教育打破教与学的局限，一改单向灌输的教育传统，更多采取线上线下的混合式课程。

（3）后勤辅助方面，建成"切实为师生办实事、办好事、解难事"的"智慧后勤"。学生通过智慧校园系统，可以一键式完成设备报修、出入登记、水电缴纳、校车预约、账单查询等众多内容。

（4）教务协调方面，建成"常用教务功能移动端实现"的"智慧教务"。师生通过手机，便可实现课表查询、考试查询、监考安排、课室使用情

---

① 金羊网. 携手广东移动，全国首家5G+智慧校园落户广东工业大学［EB/OL］.
［2020-01-09］.

况查询、新生注册等功能。每天早上，全校师生还会收到个性化的课表信息、考试信息等重要提示。

除了以上内容之外，广东工业大学还建成了智慧采购、智慧课室等多个系统，后续的诸多应用方案仍在不断改进和增加之中。

总体说来，"5G+智慧校园"是以5G网络、数据中心、大数据和云计算平台为基础架构，以精细化管理、数据分析为应用手段，以满足教师施教、学生学习、学校管理为根本目标的系统化工程。

"5G+智慧校园"的建设方案包括如下三个方面：

其一，校园云计算平台。通过虚拟服务器系统，提供一个共享式的高性能云端环境。

其二，建立统一身份认证系统、信息门户和中心数据库。此举目的在于整合校内各种数字资源。

其三，建设覆盖学校所有领域的综合业务管理信息平台。根据现实需要和用户群体，利用管理信息平台，让学校的管理和决策过程透明化和一体化。

5G+智慧校园的优势：

（1）移动性。所需的配套设备具有较强的移动性，可根据需要灵活变动位置，无需重新调试。

（2）安全性。不易受到网络病毒的干扰影响。

（3）低延迟。数据传输速度快，数据传输稳定、及时。

（4）可靠性。网络稳定可靠，不易发生网络瘫痪情况。

（5）独立性。设备相对独立，单个设备故障，不会波及网络或其他设备的正常使用。

（6）可伸缩性。网络可伸缩性强，不需考虑网络容量，可随时按需增加网内设备。

（7）简便性。使用简便，无需配备专业的网络管理维护人员。

第四节　在线教育行业应该如何迎接 5G 时代

进入21世纪以来，在"互联网+教育"的感召下，中国诞生了多种不必依靠实体学校的在线教育模式。在线教育以互联网为依托，秉承开放性、动态性、超前性和主动性，掀起了一轮又一轮教育革新的浪潮。诸如北京世纪超星信息技术发展有限责任公司、腾讯课堂等教育企业，积极响应社会的需求，在各类层面上推动在线教育向前发展。

既然在线教育以网络为根本载体，那么面对5G高速率、低延时、广覆盖的网络条件，在线教育行业该如何谋求更大的进步空间呢？

一、奥鹏教育的深耕方案

2019年10月30日，北京举办了第十八届中国远程教育大会。本次大会以"裂变——信息化与现代教育体系"为主题，聚焦远程在线教育行业的发展进程，探索教育行业的新动向。众多在线教育领域的精英人物应邀出席，其中最引人注目的是奥鹏教育创始人赵敏。

奥鹏教育成立于2001年，是中国著名的在线教育品牌之一。自从2005年4月正式投入运营以来，已经在全国建立了1800多家远程学习中心，为300余万名学员提供了9大类、400多个专业的教育支持，在远程教育行业可谓硕果累累。但是，作为创始人的赵敏仍然带有一种紧迫感。

在大会进行过程中，赵敏做了一场"5G与在线教育"的主题演讲。他强烈呼吁，在线教育应该打好变革的提前量，应该在时局发生变革的第一时间做出响应，拿出新的解决方案。随后，赵敏谈到了奥鹏教育与中国5G龙头企业华为公司的合作事项，他强调说："5G技术带来的不仅是网速的量变，更是应用场景的质变，现代教育的本源问题，已经转化为如何利用5G转变教育场景的问题。"

基于以上认识，赵敏向与会者介绍了奥鹏教育的规划：首先，通过5G网络，打造教育云支撑，以大数据、云计算为核心，建立奥鹏教育的云服务系统。其次，吸取国外远程教育经验，彻底改造课程资源与服务内容。最后，加大教育平台投入，建立基于5G技术的全新教育场景。

这不是赵敏第一次提出这样的主张，早在5G技术即将投入商用之初，他就曾前瞻性地预言："十多年前，互联网给教育的发展提供了一个完全不同的形态，让更多人得到接受教育的机会。5G来临的重要性，将不亚于传统教育到互联网教育的转变，甚至在形态与方式上有着更为重要的作用……对于教育事业来说，5G是绝对不能错过的机遇。5G与教育产业结合，将突破原有的一系列限制，带来无限想象空间和突破性变革。"因此，赵敏疾呼："不在5G环境下改变，远程教育就不能生存！"①

赵敏先生的说法是极具先见之明的。随着移动通信技术的不断演进，未来在线教育的方向一定是贯穿着"智慧化"的特征。如果在线教育单纯重复过去的老路，很容易被时代抛弃。

二、未来教育大会上的讨论

2019年11月25—26日，未来教育大会（GES）在北京举行。本次大会以"学无止境·教育为公"为主题，邀请政府领导、高校学者、行业专家、公益代表、教育企业创始人等，共计200多人出席。本次会议专门增设了"5G时代，开启全球智能教育新期待"论坛，许多嘉宾针对5G时代在线教育的前景参与了讨论。

精锐教育佳学慧联合创始人兼总裁赵江华认为："大家在线下教育方面积累了多年的经验，比如如何服务学生、提高效率，但一旦转换成线上应用场景，很多东西就很难实现……5G能够打破在线教育在教学场景设计、教研

---

① 奥鹏教育网. 奥鹏教育创始人赵敏出席"中国远程教育大会"并发表讲话［EB/OL］.［2019-11-02］.

内容等方面的一些限制。""线上教学场景即便设计得再好，倘若三线城市以下学生的家中网络不停地卡顿、延迟，客户体验很差，这会让一部分孩子对在线教育失去兴趣。企业对此颇为困扰。不过，随着5G技术的快速普及以及AI应用的升级，因技术问题带来的限制将会被打破，这是在线教育难得的机遇。以前我们只能天天看盗墓小说，从来不知道考古是什么样子，但以后'直播考古'或将成为可能……带宽限制了在线教育的进一步发展，如果5G到来，随着我们带宽的打开，对于在线教育服务商来说，将有非常多的思路来加强跟孩子的互动……教学时将不再仅是看2D的图像，而是会有3D的身临其境的感觉。"

北京新东方优能中学部总监、东方优播CEO朱宇认为："对于学生是否在集中注意力听课，老师信息传达是否有效，现在已有人尝试通过面部识别的方式来判断，但还是有一些问题……对应到课堂效果评价，则是需要将大量的环境信息、老师的信息、学生的信息全部收集起来，再予以处理、识别。这么大的信息量，它对处理器和带宽都有很大的需求。如果没有5G或更多的信息技术（支持），是没有办法实现这一点的。"①.

---

① 澎湃新闻网. 专家：5G时代来临，在线教育将有更多思路加强与学生的互动［EB/OL］.［2019-11-27］.

本章小结

1. 5G，即第五代移动通信技术，它是在4G基础上人类移动通信领域的又一次跨越。相对于1G至4G移动通信技术，5G具有三个优势：高速率、低时延和广覆盖。

2. 5G时代的特征表现在三个方面：5G将会成为社会信息交互的主动脉；产业转型交由5G推动，在5G的助力下，全社会形成了网络化、数字化、云端化的局面，生产要素的配置效率得到极大提升；5G将会成为未来智能社会的新基石。特别是技术的提升将会大大升级学习体验，有利于个性化教育的推进。

3. 5G通信网络下产生了以下几种新型教育方式：5G+虚拟现实教育、5G+远程互动教育、5G+人工智能教育和5G+智慧校园。

4. 在线教育行业应该如何迎接5G时代呢？除了通过5G网络，打造教育云支撑，以大数据、云计算为核心，建立云服务系统，还应改造课程资源与服务内容，加大教育平台投入，建立基于5G技术的全新的教育场景。5G时代下，大数据的应用等硬件能够帮助突破在线教育在教学场景与教研内容等方面的一些限制。

第二章

在线教育的逻辑与课程设计思维

第一节　在线教育的内涵、特征和逻辑

一、在线教育的内涵

早在21世纪初，程智就对相关概念进行了比较全面和深入的探讨。他认为网络在线教育是一种以数字化方式进行的、以学习者为中心的非面对面教学方式[①]。但随着互联网技术的进步及5G时代的到来，在线学习不只是一种数字化的知识传递方式。

朱新顺认为，在线教育，即 E-Learning，是通过应用信息科技和互联网技术进行内容传播和快速学习的方法[②]。在线教育是属于远程教育的一种。远程教育经历了如下几个阶段：函授教育、广播电视教育、现代远程教育[③]。随着互联网技术的发展，在线教育已成为远程教育最主要的形式。不同于现代远程教育，在线教育具有学习形式丰富化、学习终端多样化和学习资源多元化的优势[④]，也更加强调学习的自我意义、学习过程的交互性和学习资源的吸引力。基于此，我们对在线教育的定义如下：在线教育是一种依托互联网技术，以完成知识的建构为前提，运用网络、多媒体等多种交互手段，以学习者为中心的师生分离的教育活动。

20世纪80年代以来，依托互联网的兴起，在线学习逐渐成为一种新的学习方式，在线教育作为一种新型教育方式受到国内外普遍重视。在线教育的构成要素包含了学习者、授课者、课程内容、平台技术资源支持等。在线教育有助

---

① 程智. 对网络教育概念的探讨［J］. 电化教育研究，2003（07）：25-28.

② 朱新顺. "互联网+"时代在线教育研究与探索［J］.现代信息科技，2019，3（22）：146-147.

③ 刘东梅. 在线教育二十年：从"教育+互联网"到"互联网+教育"［J］.互联网经济，2015（07）：90-97.

④ 陆梦娟，王嘉棣. 在线教育市场的发展现状分析及对策建议［J］.中国市场，2015（44）：73-74.

于推动教学方式、学习方式的改革。通过在线教育的方式，学习者可以灵活调控自己学习的时间、地点和进度等，实现"任何人、任何时间、任何地点"的学习，充分发挥了学习者的自主性，体现了以学习者为中心的学习理念，也可以实现授课者制作一门课后成千上万人在线学习，对于促进教育资源整合、教育公平和提高教育质量有着重要的作用。

2012年以来的中国，伴随着MOOC（慕课，即大型开放式网课）的推动，在线学习已然成为新的学习方式，2013年也被称为"中国在线教育元年"，在线教育领域成为资本、人才和市场关注的焦点，发展迅猛。随着知识经济的持续发展，在线教育作为新颖的教育方式也越来越火热。在线教育已不单单是利用教育信息技术将线下课堂搬到线上来，这同时也是对教育模式的一场变革。

二、在线教育的特征

在线教育相比于传统的线下教育，具有虚拟性、开放性、交互性、实时统计性等特点。

（一）虚拟性

虚拟性指的是有别于传统的线下集中培训教育，在线教育的授课、学习过程在虚拟的空间中进行。在线教育的虚拟性使得学习者可以在任何地方进行学习而不受空间的限制，而培训机构也无需进行线下场地的租赁，节省了运营的费用。虚拟性的特性需要学习者保有更强的自觉性和专注力。同时，在线教育服务提供方也需将在线学习环境的场景化和集体氛围感考虑在内，从而达到更好的学习效果。

（二）开放性

在线教育是互联网技术和教育的深度结合，具备开放性的特性，满足了多样化的学习需求。在线教育的开放性在于借助互联网云技术，实现同一门课对千千万万的学习者开放，学习者可以通过多样化的终端如移动手机、平板电脑等进行学习，有利于资源的共享和整合。目前我国在线教育也经历了从"形式开放"到"质量提升"的阶段性变革，从而实现有开放力度的保证，也有开放资源的质量保证。

（三）交互性

交互性是指学习者与学习者、学习者与教师、学习者与学习资源之间相互交流、相互作用，从而完成学习者的知识构建的过程。这一特征促使在线教育平台提供方应思考如何有效调动学习者知识创造和传递的积极性。根据构建主义学习理论，在线教育的最终归属是学习者进行深度学习、协作学习后完成主动的知识构建。在线教育能够将学习者聚集到学习平台上，学习者借助网络和通信工具，利用在线教育的交互性，获取知识和技能，完成一定的学习任务，并形成相互影响和相互促进的社会关系网络，促进社会资源的共享[1]。

在线教育的交互性体现在在线学习社区已经成为有共同学习意愿的学习者聚集在一起建构知识、交流情感的有效学习环境[2]。在交互时，更利于他们将遇到的问题进行讨论，一方面可以找到解决问题的方法；另一方面通过与其他在线学习者交流，不断进行协作沟通，促进对知识点的深化理解与吸收。在互联网时代背景下，每一位学习者都有机会成为知识拥有者、知识创造者和知识传递者[3]。

（四）实时统计性

在线教育平台还具有实时统计性，平台的集成化管理可以实现对多方参与主体的平台使用数据的收集、整合和分析工作，主体包括了学习者、知识提供服务者等。通过对在线教育大数据进行收集、挖掘、分析，将学习者的学习

---

① 刘惠芬，阳化冰. 多重互动的网络学习社区研究 [J]. 现代远程教育研究，2005（2）：37–39.

② 董利亚，冯锐. 在线学习社区培育与发展模型的构建及其策略研究 [J]. 远程教育杂志，2016，35（02）：98–105.

③ 潘星竹，姜强，赵蔚. "互联网+"时代自我导向式网络学习空间设计与应用成效研究 [J]. 现代远距离教育，2018（03）：75–87.

行为、学习习惯和学习特点的数据收集后，分析其学习动机和学习偏好，从而为学习者推送个性化的学习资源，制定更具针对性的学习方案。同时将这部分的分析数据反馈给授课者，能够帮助其完成课程的优化设计，也给教育工作者提供更好的决策参考建议，从而能够促进在线教育资源的升级优化[①]。

三、开展在线教育的逻辑

在线教育是指以网络为中介，进行知识传播和技能传授的一种教育方式。在线教育的逻辑，意在着重探讨在线教育发生的必然性和普遍性，以及各诱发因素或发生条件之间的关系。因此，我们需要重点考察在线教育的时代性、环境、资源、目的、方式、类型和对象等多种因素。

（一）时代发展需要在线教育

自20世纪90年代开始，美国率先兴起了在线教育的热潮。最具标志性的事件是1995年的WebQuest课程（即网络资源探寻课程）、2002年开始的开放课件运动（Open Course Ware）、2008年的可汗学院（Khan Academy）、2012年开始的慕课（MOOC）教育和2014年开始的SPOC教育（即小规模限制性在线课程）。直到现在，美国凭借互联网的先发优势和先进的教育观念，依旧引领着全世界信息化教育的发展。

中国的在线教育起步较晚。20世纪90年代，中国的互联网刚刚兴建，无论网络传输速度还是网络容量都非常有限，很难推动在线教育的产生和发展。只有一些传统意义上的函授教育，试图通过网站、电子邮件、聊天工具等手段进行课程推广。虽然此举带有初等的网络教育性质，但都没有形成规模。

21世纪初，随着中国互联网建设的初步完成，一批先知先觉的教育先行者开始吸取西方在线教育的经验，迈出了中国在线教育前行的步伐。首先，以超星图书馆、中国知网为代表的互联网企业，将实体书籍、期刊论文、新闻报纸

等数字化，一定程度上满足了学习者在线查询和阅读的需求。其次，涌现出一批优质的在线教育平台。

2010年前后，中国多所知名大学响应美国"公开课件运动"，先后发布了本校的课堂视频、课件和教学大纲，丰富了中国在线教育的基础性资源。著名的互联网公司网易专门建立了"网易公开课"平台，针对国内外的公开课件和课程，进行收集、整理、翻译、标注，成了中国在线教育史上一次影响深远的事件。

2013年，随着中国互联网的全面建成，"互联网+教育"的概念逐步深入人心。中国在线教育行业出现了井喷式增长，以百度、阿里巴巴、腾讯为代表的众多知名的互联网企业，共同加入了在线教育的阵营，掀开了中国在线教育的新阶段。故此，2013年被称为"中国在线教育元年"。

此后的几年里，中国的在线教育一直阔步向前。投资规模不断扩大，教育产品不断丰富，受教育者不断增加，在线教育平台犹如雨后春笋一般争相产生，努力占领在线教育市场份额。

据不完全统计，2014年，中国在线教育用户规模约6600万人，中国在线教育市场规模约千亿元。[1]五年后的2019年，中国在线教育用户规模已经达到创纪录的2.61亿人，在线教育产业规模更是达到了4041亿元。[2]

在线教育为什么会有如此大规模的发展？原因是在线教育顺应时代、符合潮流、代表先进。它通过利用互联网的技术支持，将传统教育网络化，极大扩充教育的内涵和外延，有利于构建网络化、数字化、个性化、终身化的教育体系，有利于建设学习型社会，代表了现代教育的新方向。因此，想要在教育领域有所建树的人，应该积极响应在线教育的时代召唤，敢于变革，投身其中。

（二）在线教育的逻辑

教育是根据社会现实和未来有目的、有计划、有组织、系统地引导学习者获得知识技能，陶冶思想品德，发展智力和体力的一种活动。人类经过几千

---

① 产业研究报告网数据。
② 艾媒网. 艾媒报告|2019—2020年中国在线教育行业发展研究报告［EB/OL］.［2020-02-13］.

年对教育的探索之后，形成了一个较为合理的教育规范，即：教育资源→施教者→课堂→学校→学习者→教育评估。

施教者充分利用教育资源，以课堂为空间，在学校的组织下，对学习者进行培养，最终由固定的机构或者全社会完成教育评估。以上环节分工合作，缺一不可，构成了教育活动的根本保证。

在线教育从根本上说，就是将上述流程数字化、网络化的过程。因此，在线教育的逻辑，应该主要从以下几个方面进行思考：

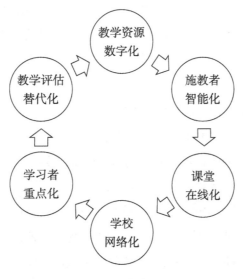

图2-1 在线教育的逻辑

（1）教育资源数字化。一方面，要将实体书籍和文字教案以数字化的形式提供到网络上，加快教育资源的数字化建设，从更多更广的层面，让学习者获取丰富素材。另一方面，要加强现有数字化教育资源的整合，将各学科的书籍、图片、文档等做好分类，建立数字图书馆和资源服务器，方便学习者系统化地获取教育资源。

（2）施教者智能化。一方面，施教者通过构建网络课程推荐和导引系统，对不同的学习者设计不同的教育安排。另一方面，以"在线教育机器人"的形式，在网络中模拟现实中施教者的行为，直接向学习者提供课程讲授、作业布置、试卷评判等服务。

（3）课堂在线化。在线课堂与实体课堂存在明显的差异，主要原因在于施教者与学习者之间以及不同的学习者之间信息传递方式和互动沟通方式发生了改变。因此，为了完整地将课堂推到网络上，需要从两方面进行探索：一是通过模拟实体课堂的情境，让施教者与学习者双方尽量维持原有的学习习惯。二是施教者与学习者主动适应网络课堂的特点，一起探求新环境下最优的教学形式和互动方法。

（4）学校网络化。学校是教育的组织者和管理者，实体学校具有学生招生、师资建设、教学规划、理论培养、安全管理、生活服务、学历认证、就业推荐等多种职能。网络学校（或称网校）在完整模拟现实学校的功能之时，应该防止出现招生标准不严、网络教育水平不齐、课程教学无规划、内容培养完成度低等现象。

（5）学习者重点化。教育好坏最根本的衡量指标是学习者是否取得了预设的学习效果。因此，在线教育若要取得良好的教育效果，应该注重激发学习者的积极性、吸引学习者的注意力，并通过教育方式的探索，更好地服务受教育者。

（6）教学评估替代化。这是目前在线教育最大的痛点。在线教育的考试方式、学分价值和学历认证很难获得教育系统和全社会认可，缺少含金量。因此，为了实现在线教学评估完全或部分替代传统教学评估，需要建立和完善考试平台，不断丰富试题库，并与国内外的学历认证机构合作，提升在线教学评估的自身价值。

（三）在线教育的资源优势

在线教育资源是指为完成某种教育目标或者提供某种教育服务而以数字形态存储、使用、设计的资源。与单一教材和有限阅读书目的传统教育资源相比，在线教育资源有其独有的优势。

其一，在线教育资源极其丰富。大到一整套专业课程，小到一个知识点的解读，皆可在网络上找到相应的资源。以数据举例，截至2019年，全世界1000所大学累计发布了超过13000门横跨各个专业的在线教育课程[1]。另有，

---

① 根据各类公开资料统计得出。

可汗学院发布的教学视频总数也已经接近了5000段。还有，慕课教育三大平台之中，仅是Coursera平台，课程总数就已超过了3900门。除此之外，我国的国家精品课程、"中国大学视频公开课"工程以及民间网友自发上传的大量学习资料，一起构成了丰富的网络开放教育资源。

其二，在线教育资源种类多样。按照存储格式可以分为文档类、音频类、视频类。如Word、Excel、PPT等文档格式，MP3、APE、FLAC等音频格式，MP4、MPEG、AVI等视频格式。按照内容形态可分为媒体素材、试题、试卷、课件、案例、文献资料、资源目录索引、常见问题解答等。按照课程类型可以分为公开课类、慕课类、语言学习类、考试类等。

其三，在线教育资源获取快捷。一方面，网络可以及时将信息传递到世界各地，比之邮寄等传统方式，速度大大提高。另一方面，教育资源已经形成了立体网络节点，通过各种检索引擎，可以在极短时间将不同国家和地区、不同服务器、不同网页上的内容关联到一起。

其四，在线教育资源具有共享性。通过现代互联网，在线教育资源跨越了空间限制，使教育资源超出课堂、走出校园，向更广泛的地区辐射。只要网络环境允许，任何人都可以较为方便地得到和使用此类资源。

2019年9月25日，教育部等十一部门联合发布了《关于促进在线教育健康发展的指导意见》指出，要扩大优质在线教育资源供给：一是鼓励社会力量创办在线教育机构，充分挖掘新型教育和多样化教育的需求；二是推动学校加大在线教育资源开发及共享力度，加快线上线下教育融合，扩大优质教育资源的使用范围；三是实施"教育大资源共享计划"，建设一批高质量在线课程，增加优质在线教育资源的数量；四是鼓励教学机构、科研院所、企业等密切合作，推进在线教育产、学、研、用一体化发展。

（四）在线教育拥有自主情境

与传统的固定时间、固定地点、固定人员的教育相比，在线教育的情境发生了根本性变化。

其一，在线教育不受时间限制，可以实现碎片化学习。即将学习内容分割成多个碎片，学习者可以灵活安排学习时间，做到随时学习。

其二，在线教育打破了空间的限制。只要有手机、电脑、平板等学习终端存在，学习者就可以通过提前下载或在线获取的方式，使得学习过程不受地点限制，做到随地学习。

其三，教育过程具有可重复性。学习者可以根据自己学习需要，重听或重学所需内容，从而更好地掌握所学内容，充分巩固学习效果。

其四，个性化教育。在线教育能够提供个性化学习氛围，让学习者能够根据自己的学习需求、知识背景、个人喜好，自主制订学习计划、选择学习内容，有效地增强了学习的针对性，从而提高学习效率。

其五，广泛的交互性和协作性。在线教育的实施对象非常广泛，整个网络中的学习者都可以及时地把自己的想法和他人进行沟通，有利于集思广益，获得更多、更好的思路和方案。

（五）在线教育方式多样性

由于教育环境的改变，在线教育可以采用新的教育方式：

其一，录播课程。录播课程是指施教者将课程提前录制并上传到网络继而将课程链接分发给学习者的一种教育方式，它是在线教育最早出现的授课类型。录播课程有其自身的优点，施教者可以根据自己的时间安排课程录制，学习者可以自由安排听课进度。录播课程可以在录制后进行剪辑优化，让课程呈现更好的效果。但是，录播课程的缺点也很突出，它只专注于课程的单向性，造成了施教和学习的彻底分离，因此缺少双向互动环节。施教者无法完全了解学习者的学习状态、知识掌握情况，也很难及时回应学习者的问题，最终影响了学习效果。而且由于缺少教学互动，网络传输的只是预设的知识，施教者与学习者之间的情感沟通更是无从谈起。

其二，直播课程。直播课程是指施教者采取网络直播的手段向学习者传授知识和技能的一种教育方式，它是目前较为流行的授课类型。直播课程的优点是施教者可以及时了解学习者的学习状态，通过问答等手段，唤起学习者的注意力。同时具有良好的沟通性，施教者与学习者之间可以通过在线文字或语音聊天的手段实时互动，可以针对学习中的难点做进一步讲解。施教者可以利用直播的便利，对学习者进行督促、鼓励或批评，带有一定的情感沟通性质。直播课程的缺点是直播有时间要求，教学双方必须在同一时间进入网络课堂，直播过程受网络状况影响较大，容易出现传输障碍，直播课程对施教者要求较高，不但要精通所讲课程，还要善于使用直播系统，对于缺乏此类经验的教师来讲有一定障碍。

其三，一对一课程。一对一课程是指由于课程本身的特性或者学习者的特别需要，一位施教者专门针对一位学习者进行在线教育的一种教育方式。一对一课程一方面有利于因材施教，学生各有不同，通过量身定做的一对一教学，有助于提高学习质量。另一方面有利于教育效率提高，由于不用统筹更多的学生，所以施教者可以针对单一学生的特点，采取更优化的讲授方式，或者针对学生的弱点，反复补充练习，促使学习者更快掌握所学内容。一对一课程的缺点是教学成本高，一位学生独占一位教师，往往带来教育费用的增加，形成较高的学习成本，另外，一对一教学过程中，没有其他学生和老师的参与，丢失了更多课堂气氛。

（六）在线教育的教育类型相对丰富

根据教育对象的不同，在线教育打破了传统的教育类型，重新规划了以下几种类型：

（1）在线学前教育。在线学前教育是针对学龄前儿童的认知特点而采取的一种在线教育类型。它既是启蒙教育，又是起步教育。目前，提供学前教育的平台有悟空识字、掌门少儿、VIPKID等。

（2）K12在线教育。K12在线教育是指从小学到高中的一种在线教育类型。K12在线教育平台较为著名的有新东方在线、跟谁学、掌门一对一、学大教育、好未来、卓越教育、作业帮、中公教育等。

（3）在线高等教育。在线高等教育是指以大学生、研究生为教育对象的一种在线教育类型。著名的在线高等教育平台有网易公开课、学堂在线、MOOC学院、考研帮等。

（4）综合网校。综合网校是通过互联网实现校外教学的一种在线教育类型，它的教育内容并不固定，既有基础性教学内容，又有专业性培养方案。著名的综合网校有学而思网校、沪江网校、腾讯课堂、YY教育、一起学网校等。

（5）在线语言学习。由于外语教学的需要，在线语言学习成为在线教育的一种独特类型。著名的在线语言学习平台有网易有道、英语流利说、扇贝英语、米乐英语等。

（6）在线职业培训。为培养和提高劳动者从事各种职业所需要的知识和技能而在线进行的教育和训练，称为在线职业培训。职业培训包括各类技能教育、公务员考试、驾照考试等。著名的在线职业培训平台有尚德机构、华图教育、腰果公考、驾考宝典等。

随着社会的发展以及人们对教育需求不断多元化，未来在线教育的类型将更加丰富。

表2-1　在线教育类型

在线教育类型	在线学前教育	K12在线教育	在线高等教育	综合网校	在线语言学习	在线职业培训
教育对象	学龄前儿童	小学到高中生	大学生研究生	不固定	有外语学习需求者	想提升技能的劳动者
教育内容	婴幼儿启蒙教育、指导家庭和社会教育	基础教育、辅助在校教育	在完成中等教育的基础上进行的专业教育和职业教育	既有基础性教学内容，又有专业性培养方案	外语教学	相关岗位或工种的技术业务知识和技能
代表平台	悟空识字、掌门少儿、VIPKID等	小盒作业、猿辅导、新东方在线、跟谁学、掌门一对一、学大教育、好未来、卓越教育、作业帮等	网易公开课、学堂在线、MOOC学院、考研帮、考虫等	学而思网校、沪江网校、腾讯课堂、YY教育、一起学网校等	网易有道、英语流利说、扇贝英语、米乐英语等	尚德机构、华图教育、腰果公考、驾考宝典

【案例】

中国在线教育的新兴者——跟谁学

2019年6月6日，随着美国纽约证券交易所一声锣响，一家名为"跟谁学"的在线教育公司正式挂牌上市，成为中国第一家在美国上市的K12在线教育企业。

是什么让"跟谁学"脱颖而出，一举成为在线教育行业的佼佼者呢？这与"跟谁学"创始人陈向东的商业理念有很大关系。

2014年1月，陈向东辞去了他在著名教育机构新东方的职位，五个月后，创办了"跟谁学"。最初，他像很多创业者一样，遇到过很多坎坷，也曾感慨"创业很残酷，很多时候也很孤单，而且往往无法与人诉说，唯有坚持"。当然，坚持只代表一种韧性，而成功的要诀还在于找对方向。就是在这样的坚持和找方向的过程中，"跟谁学"逐步形成了自己的思考模式和经营理念。

第一，给用户一个非你不可的理由。想要长期留住客户，需要企业向客户营造一个始终专注于本教育平台的气氛。对于教育机构而言，这个动力无疑就是拥有足够多、足够好的课程和教师，可供客户做出选择，由此提升课程的复购率，带来更多的流量和销售额，同时会有更多的教师和课程愿意入驻平台。在平台的引导下，学生客户和课程教师共存，做到良性增长。

第二，从教育平台走向教育生态。通过几年商业模式迭代，"跟谁学"在不断进化，从最早的O2O模式（即帮助学生找教师）转变为B2B模式（即帮学生找机构），最终随着自身在线教育直播课平台的建成，正式转型为B2C模式（即直接向学生提供所需课程）。

第三，多渠道招揽用户。"跟谁学"利用微信客服1V1沟通、短信通知、公众号模板消息以及电话提醒等方式，招揽新用户。同时，通过赠送"新手礼包"课程，将新用户逐步转化为付费用户。

第四，专注K12，主推大班课。相对于一对一、小班、中班课程来说，大班课显然具有更低的边际成本。"跟谁学"招募拥有丰富教学经验的名校教师，提供优质K12大课，广泛赢得用户的认可。

正是基于上述经营策略，"跟谁学"一步步累积资源，迅速壮大。2020年2月18日，"跟谁学"发布了2019年年度报表，总营收21.15亿元，同比增长432.3%，净利润达到2.27亿元，增长1053.33%，取得了傲人的成绩，成为中国在线教育的标杆。

四、在线教育的组织结构分析

在线教育是一个内部组织结构非常复杂、外部联系广泛的具有系统性的组织结构。已有学者从不同视角对在线教育的组织结构进行划分。宏观来看，在线教育的组织结构可以划分为在线教育监督管理子系统、在线教育信息传播子系统和在线教育支持服务子系统[①]。具体来说，在线教育监督管理子系统包括了对教学组织、教学效果等的监督管理职责；在线教育信息传播子系统包括了在线教学的资源库和教学资源信息交换系统；在线教育支持服务子系统包括了在线教育的咨询、跟踪、技术支撑服务等。而从在线教育系统结构主体的不同，可以将其组织结构划分为在线教学、在线学习和在线教育资源三部分，如图2-2所示。

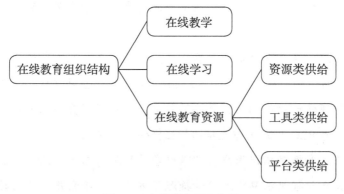

图2-2　在线教育组织机构

---

① 杨红. 远程教育系统结构探讨［J］. 现代教育技术, 2004（05）: 33-35.

（一）在线教学

在线教学的管理模式不同于传统的线下教育，需要教师转变观念和认知。在线教学需要教师根据学习者的需求和特点进行教育资源的组织和呈现。一般的在线教学组织过程如下：明确学生需求—设计课程—信息化方式组织与呈现—反馈—跟进—改进教学方案。在线教学需要教师以事实性数据作为分析学生学习情况的依据，根据实际情况进行个性化教学。

由于教学场景的虚拟化、程序化，可能会让师生间造成一定程度的隔阂，因此在线教育的教学强调情感的渗透，于教学过程强化师生交互。

（二）在线学习

在线学习是指在任务、兴趣、个人发展需求等的驱动下，利用互联网方式进行学习的过程，具有便利、低成本的特点。在线学习依托建构主义、联通主义学习理论，强调学习的多重交互特性，强调学习对自我构建的意义。在线教育中的学习者，不再单纯是知识的被动接受者，同样也是知识的建构者、分享者，因此，学习者的情感态度、体验感受对于保持在线学习持续性至关重要。

在线学习已然成为终身学习的最主要的方式，能够满足不同学习群体的多样化需求。通过在线学习，成人可以继续学习技能，吸收最新的资讯，融入数字化社会，做到"足不出户"便可"知所有"；通过在线学习，农村偏远地区的儿童能够接受最优的师资、课程，知道大山外广阔的世界。

（三）在线教育资源

在线教育资源分为单向呈现和双向互动。按照所提供的产品或服务的角度，在线教育资源可分为资源类、工具类、平台类[1]。

在线教育资源即蕴含在线学习要素的优质学习场域的核心组成部分。在

---

[1]　管佳，李奇涛. 中国在线教育发展现状、趋势及经验借鉴［J］.中国电化教育，2014（08）：62–66.

线教育资源建设要具有针对性、交互性、实用性、组块化。

1. 资源类供给

平台供给的学习资源应将学习内容设置为小模块且为同质的信息块，同时又不缺乏系统性，即虽然形式是"零碎的内容"，但每个组块间又不缺乏关联性且相互之间渗透着系统逻辑。使学习者可以随时终止学习，并在一个非确定的时间段内继续学习，帮助学习者利用较短时间掌握相对完整的知识组块①。

2. 工具类供给

专业教育机构进行的在线教育工具探索有两类：一是在线课程制作工具，如学习网高校课堂中的视频录制等；二是教学工具，如传课网的传课KK等。

3. 平台类供给

有的在线教育平台类企业为内容提供方提供从品牌建立、流量增长到系统运营的服务，为知识创造企业提供技术的解决方案，本身并不参与知识内容的制造，专注于做知识付费的技术提供商，如小鹅通。

第二节　在线课程设计

在线课程设计，是指为了完成在线教育的目的和任务，充分利用在线教育平台的特点，合理制定课程方案，以提高学习效果的系统活动。在线教育既是传统教育的衍生，又是传统教育的新发展。因此，在线课程的设计应该在吸收传统教育特色的基础上，努力融合双方的优势，进而开发出具有时代特点的

---

① 秦蒙蒙. 成人高等教育中的移动学习研究［J］. 成人教育，2018，38（10）：6-9.

在线教育课程。

就目前情况而言，在线课程设计包括广义和狭义两种情况。广义的在线课程设计，是指设计、开发或使用一种新型的在线教育课程模式，如，网络公开课、慕课、微课等。狭义的在线课程设计，是指针对一门具体的课程，如何更好地制订教学方案。

一、广义的在线课程设计

（一）在线课程开发团队组建

一个完整的在线课程开发团队，由管理者、学科教师、技术人员、辅助人员组成。管理者负责统筹规划，从宏观上掌控在线课程的整个设计过程。学科教师负责编制教学计划，安排教学内容，收集学习资料。技术人员负责网络技术的衔接，并根据教学内容制作数字化课件。辅助人员负责服务团队，为整个课程的实施提供保障。

在线课程开发团队组建的基本原则，涵盖四点：

一是互补性。一个优秀的在线课程开发团队，要做到管理者、学科教师、技术人员、辅助人员之间形成互补，不能偏重其一，也不能偏废其余。同时，在每一作战单位内部，也要根据性格、能力等采取分工互补，彻底发挥每个成员的最大价值。

二是合作性。在线课程开发团队要协调统一，合作共建，避免各自为战，各行其是。因此，在团队内部，要明确权利与义务，既做到分工到人，又要增强凝聚力。

三是激励性。对于一个能够取得成功的在线课程开发团队来说，适度的激励很必要，特别是草创阶段的团队，需要团队成员以饱满的热情参与其中。但是，激励不是仅停留在物质奖励方面，更重要的是增强整个团队的思想认识和未来信心，即使碰到困难，也能百折不挠、奋勇前进。

四是服从性。一切以团队利益为重，集体利益大于个人利益，这是在线课程开发团队的核心宗旨。所以，团队中每个成员都要服从安排，与其他成员形成凝聚力。当个人利益与团队利益发生冲突时，要有顾全大局的思想准备和个人操守。

（二）在线课程资源开发

在线课程资源的开发途径无外乎两种：其一，收集现有在线课程资源，通过优化组合，提升此类课程资源的利用率；其二，采用校校联合、校企联合、企企联合的形式，扩大课程资源的上线率，不断增加在线课程资源的数量。

在线课程资源的开发原则：

一是专业性。任何类型的课程资源，都需要保证它的权威性，不能错漏百出或误导公众，这就需要课程开发团队具有较高的专业素养和鉴别能力。在实际操作中，可以挖掘名校、名师的价值，利用其已有的课程资源，直接开发一批具有代表性、系统性的经典课程。

二是共享性。在线课程资源应该摆脱传统课程资源的封闭性，打破教育机构的独享，改为在线共享。根据课程资源的不同，可以是有价共享，也可以免费共享。

三是规范性。在线课程资源开发要依据一定的规范，要做到形式统一、标准固定、风格合理。

（三）在线课程平台搭建

课程平台是在线课程的成果展示区和学习者获取课程的基地，一个好的在线课程平台是在线教育的根本保证。目前，在线课程平台有两种，一种是平台加盟，一种是自建平台。

平台加盟是通过签订合作协议，在其他在线教育企业的平台上，加入自己的课程。这种形式的优势是可以节约平台建设和维护成本，并可以享受他方平台推广的便利，个人形式的小微课程普遍采用此类做法。但是，平台加盟也存在诸多缺点。首先，需要赞同并认可平台加盟的经营理念，接受他方管理，失去自主性。其次，营业收入也要接受所加盟平台的账目管理，财务不够自由。再次，与所要加盟的平台反复沟通，也会增加协商成本。

自建平台是指在线教育企业根据自己的课程需要自行搭建的平台。自建平台的优势不言而喻：一是有利于采用独具特色的教育方式；二是有利于课程创新，甚至开发出引领国际在线教育潮流或完美适应本土的课程类型；三是课程推广和定价具有较大的自主性。当然，自建平台的缺点也比较明显：一是平台的建立和维护需要较大的投入，无形中增加了运营成本；二是企业需要安排专职的科技人员参与，且要求科技人员具有过硬的技术基础。

（四）在线课程平台推广

不管平台加盟还是自建平台，都需要对平台进行推广，以便广为人知。尤其是自建平台，最大利好推广力度将是在线课程设计的重要环节。

那么，应该如何进行平台推广呢？大体上分为以下几个步骤：

其一，针对平台，设计品牌。就像传统的商业企业一样，品牌建设是在线课程平台推广的必由之路。它包括给平台起一个简单易记、特点突出、指向明晰的名称，并在遵守原创性的基础上提供一个图案醒目、表意充分、艺术处理恰到好处的标识。

其二，增加品牌附加值。除了名称和标识之外，还要对课程平台进行品牌包装。平台包装涵盖三个要点：突出平台定位，让人知道本平台提供哪些课程，服务哪类人群，具备哪些优势；强调平台的细分市场，让人了解本平台与同类平台的区别以及本平台所提供的课程特色；丰富平台视觉处理，根据本平台自身的特点，增强平台的设计感，从观感上满足受众的审美情趣。

其三，平台营销。对于在线课程平台的营销，到底是在营销一种产品，还是营销一种服务，仍然存在争议。但是，无论何者，它的营销策略和途径大致相同，主要分为以下几种：

（1）广告投放。根据平台营销需要，选择以报纸、杂志、广告牌等为代表的平面媒体，或者以电视、车载显示屏等为代表的视频媒体，或者以互联网网站为代表的网络媒体，或者以手机通信为代表的移动媒体，乃至采取散发传单的现场手段等，加大对课程平台的宣传力度，加深公众对课程平台的了解。

（2）免费体验。为了让用户了解在线课程，平台可以在规定时间内，根据具体课程，开展免费体验活动。有些课程平台为了保持热度，还会向老用户提供永久免费服务。这样做既可留住一定规模的用户，又可以促进在线平台了解用户需求，建立相应的反馈机制。

（3）有奖活动。为了吸引更多用户使用本课程平台，可以定期开展有奖活动。凡是达到奖项设置要求的用户，都可以免费或有条件地获取事先规定的奖励。

（4）参加展会。现在几乎每个行业都有展销会性质的活动，在线课程平台可以利用积极参与，以面对面的方式，向与会者进行平台推荐。与此同时，还可以借助展销会的机缘，认识更多同类参会企业，商讨合作、分工、共享事宜，共同推进在线课程的发展。

（5）引擎搜索。在线课程平台可以通过购买百度、谷歌、搜狗等搜索引擎的排序，让有需要的用户在进行网络搜索的第一时间发现本平台，增加平台的点击率和关注度。

（6）营销公司。在课程平台推广过程中，可以雇佣专业的网络营销公司或者自媒体大V、流量达人，对平台做深度推广。如创造与平台相关的热门话题，引导公众跟帖回复，扩大平台的社会影响力和信息覆盖度。

（7）自我推广。在线课程平台可以通过自拍视频和发布文章等直接或间接的方式，吸引公众的注意力，及时发现潜在客户，提升平台的曝光度。

除此之外，还有特价促销、媒体赞助、同行互助等多种营销手段。总之，目的只有一个，就是要以多种形式，集中一切力量，为平台的营销目的服务。

（五）在线课程评估

评估是保证在线课程质量的重要手段之一。关于在线教育质量的标准，美国高等教育政策研究所（Institute for Higher Education Policy）在《在线教育质量：远程互联网教育成功应用标准》中就包括了"评价与评估"这一条[①]。

---

① The institution for higher education policy. Quality on the Line: Benchmarks for Success in Internet-Based Distance Education ［R］. 2000，（4）：3.

什么人，来自何地，在什么时间，学习了平台上的哪些课程？这是在线课程平台需要特别关注的地方。它涉及用户统计、分布特点、用户满意度等一系列评估内容。课程评价方案一般按照如下内容进行实施：

（1）评价指标的设定（包括课程方案、课程内容及实施过程的评价指标）；

（2）课程实施过程评估；

（3）课程管理评估。

而在线教育最大的优势之一就是能够通过后台来搜集用户数据、学习记录等信息，利用大数据进行在线课程评估。因此，我们需要构建依托大数据的教学评价模式。此模式根据教学阶段，可分为诊断性评价、形成性评价和总结性评价。诊断性评价是授课老师在进行授课前，通过测试等方式对学生的原基础知识结构进行摸底，从而了解学生的知识掌握程度，更好地进行针对性的教学方案设计，以便教学能够顺利进行。形成性评价是指为了保证学生的学习效果，而在教学过程中对教学活动和方案进行不断调整，以使学生更好地掌握学习知识。本阶段的评价最重要的是对学生的学习过程进行评价，巩固学生学习过的知识，帮助学生掌握知识的内容和结构。总结性评价是根据教学目标来进行的评价，是对教学效果所进行的评价，是通过后台大数据来了解学生对于不同阶段知识掌握程度，以此对教学结果进行评价的过程。

二、狭义的在线课程设计

（一）在线课程设计流程

一个完整的在线课程设计，通常包括以下几个方面：

图2-3　在线课程设计流程

其一，确定课程目标。这是在线课程设计的第一步，所要回答的是，为什么开展这门课程？课程目标规定了通过某一课程学习之后，学习者在哪些方面能够得到提升，这是指导整个课程编制行为最为关键的准则。

通常情况下，课程目标的确定需要从两方面开展：一是了解社会需求，熟悉教育的现状，将课程当作一种回应需求和现状的手段，从而切实知晓课程存在的意义和价值；二是课程目标的制定者必须完全熟悉课程本身的特性，掌握学科逻辑体系，懂得该课程在整个教育节点里的轻重关系。

其二，统筹教育对象。向什么人开展教育？这是课程设计第二个所要回答的问题。在线教育平台需要依据其受众对象制定课程目标，针对有需求的学习者进行调查研究，了解学生总体和个体的有关信息，包括年龄、性别构成、知识水平、学习目的和动机等。只有深入了解了教育对象，才能更好地提供他们所需要的教育资源。

其三，组建讲师队伍。优质的教师是在线教育服务的优势之一。设计课程时要从课程目标出发，组建一支高水平高素质的讲师队伍，才能为课程的顺利开展做支撑。讲师的选拔和训练是关键，大型在线教育机构可以直接聘请有名气的老师来授课，这样不仅可以提高平台的专业性和知名度，也能为学习者提供吸引力[1]。讲师可以是专职讲师，也可以是兼职讲师，但都需掌握课程的相关知识和技能，还要进行各类培训，通过不断扩充学习领域，使讲师队伍不断扩大。

其四，制定教学大纲。在线课程的设计要根据课程目标确定课程内容，并根据内容考虑课程的整体结构，把整体划分为几个逻辑衔接的部分，课程结构要能很好地体现施教者的教学思想，同时也要在开课前向学习者公布课程大纲并说明教学理念，让学习者清楚了解学习内容和教学安排[2]。

其五，开展教学过程。开展教学时要选择合理的教学策略、教学方法、技术手段，这是教学质量的保证。要安排好教学活动，围绕教学目标呈现教

---

① 格子匠网. 在线课程讲师怎么招聘 [EB/OL]. [2019-02-14].

② Karen Hallett，褚献华. 在线课程设计的六个环节 [J]. 远程教育杂志，2003（03）：22-24.

学内容，使施教者和学习者进行良好的互动沟通，要时刻注意学习者的体验反馈，尊重个体差异性，将学习任务弹性化，根据进度适时调整教学安排。

其六，评估教学成果。教学成果的评估可以从两个角度着手，一是从施教者的角度，了解课程的完成度和学生的满意度；二是从学习者的角度，采用合适的工具进行学习评价。完成作业或评价后，施教者要根据结果及时进行反馈，让学习者随时了解自己的学习情况，同时学习者也要积极同施教者交流，对教学过程提出想法。

其七，总结教育经验。教学过程完成后一定要及时总结经验进行反思，否则就毫无意义。教学组织者通过收集施教者的教学感受和学习者的评价反馈，总结学生获得的科学文化知识和实际操作的能力，了解学习者进一步学习的需求，对已有课程进行完善，也为下一步教学打下基础。

（二）在线课程设计的基本原则

1. 系统性

在线课程设计的系统性是指在线课程的设计是一个系统的过程，要在技术水平的支持下，适应科学知识的发展，根据教学目标的要求，按照一定的逻辑顺序，将课程内容进行合理编排后完整科学地呈现出来。

2. 科学性

在线课程设计的科学性是指在线课程的设计既要遵循知识的发展规律，又要符合教学的基本规律，同时还要考虑学习者的身心特点，合理安排教学环节。在线教学不同于传统线下教学，不是简单地以教师为中心，学生被动地接受学习；而是学生成为学习的主人，自主安排学习的时间、地点，因此在设计在线课程时要给予学生更多自主选择权。

3. 趣味性

在线课程不同于单一形式的传统教学，它可以对各种教学资源进行优化整合，通过网络技术手段开展包括讲授、游戏、案例分析、网上讨论等活动[①]，吸

---

① Karen Hallett，褚献华. 在线课程设计的六个环节［J］. 远程教育杂志，2003（03）：22–24.

引学习者的注意力，充分调动学习者的积极性，促进学生的参与和师生间的有效互动。

4. 丰富性

根据多尔"4R"理论，在线课程设计的丰富性是指在线课程不受时空限制，学习内容不局限于课程本身，可以充分发散思维，强调内容和知识的多元化，用不同的表现方式传达教学信息，使之有机配合达到教学要求。丰富性包含了广度和深度两方面，除了课程涉及的面要广，在授课中的教师与学生的对话过程中还要根据出现的问题来引导学生深度思考，从而实现对课程深度的拓展。

5. 连贯性

在线课程设计的连贯性是指课程结构内在的联系以及施教者和学习者之间的联系。要注重课程的整体教学功能，同时要求施教者对教学内容的导入和衔接以及学习者的学习情况有很好的掌控，将施教者有目的的活动与学习者有目的的活动联系起来，才能很好地实现教育过程。

第三节　新冠疫情背景下在线教育的机遇与挑战

2020年，新冠疫情的暴发使全球的经济受到严重影响，但客观上也为在线教育的快速发展带来了契机。"停课不停学"除了是紧急应对措施，在教育界也引发了更多人对于现代教育改革的机遇和挑战的思考。疫情期间，超大规模的在线教育如火如荼的实践体现了与教育现代化发展目标相适应的教育信息化体系的加速建立，同时这也是对在线教育信息化阶段性结果的检验。在2019年，为了更好构建网络教育资源服务体系，教育部联合多部门发布《关于引导规范教育移动互联网应用有序健康发展的意见》《关于促进在线教育健康发展的指导意见》等文件。教育部办公厅、工业和信息化部办公厅于2020年2

月12日联合印发《关于中小学延期开学期间"停课不停学"有关工作安排的通知》。在线教育在疫情期间得到了快速的发展。不可否认的是，在长期的线上教育工作实践不够、准备不充分的情况下，在线教育在推进过程中更加凸显了教与学方面的问题，这些问题是长期存在的，只是在这突发的公共卫生安全事件的背景下，在线教育的问题暴露得更加迅速、明显，获得了社会各界的普遍关注，而这也体现了在线教育的理想与现实间的矛盾，给在线教育带来前所未有的挑战。

一、疫情背景下在线教育的挑战

（一）教育资源体系的构建待完善

突发的疫情使得原有的在线教育资源体系问题愈发暴露，也有新的问题显现出来。有研究显示，在梳理调研结果的基础上结合PISA 2018和TALIS 2018数据结果，对目前受疫情影响较为严重的国家开展在线教育的资源及能力进行国际比较后发现，"可用的技术设施"和"技术设施的管理"是目前各国教育体系开展大规模在线教育面临的最大挑战[1]。目前，我国的在线教育资源体系数量庞大、质量参差不齐，未能形成科学的在线教育资源体系。在线资源体系的构建后续动力不足，基本还是依靠国家政策和资金补助支持，运行效率低，效果不佳。

（二）师生信息水平不足

在大规模、长时间未能实现师生面对面的教学、师生需要全程坐在屏幕前进行教与学的情况下，师生的信息化水平即教育信息素养是推进在线教育的关键因素。信息素养的内涵包括了一个人拥有获取、整合、评价信息的能力，

---

① 徐瑾劼. 新冠肺炎疫情下全球教育体系的应对与在线教育的挑战——基于OECD全球调研结果的发现与反思［J］. 比较教育研究，2020，42（06）：3-10.

同时拥有利用信息来发现、评估和解决问题的能力、思维和意识①。首先，在线教学与传统线下教学在课程设计、教学过程、师生互动、教学评估等方面都存在着不同。教师不仅要针对性地进行教学组织活动，提升教学能力，还要有充分的教学信息素养来进行教学资源的整合，调动课堂氛围，教师需要付出更多的努力来备好一次课。其次，对于学生来说，由于教学场景的变化，在线学习的时候需要投入更多专注力。学生需要学会选择、利用网络学习资源，除了课堂上的学习，还需要课后的自主学习。而这对于长期接受线下教育、有老师的监管和同学的陪伴的学生来说，一定程度的信息素养是学习效果的保证。

而实际情况是，对于教师而言，部分教师对在线教育接受程度不高，对在线教学软件的操作不熟练，尚未掌握将现代教育技术与教学相融合的方法和技巧，从而使得开展在线教学过程中频繁遇到技术性问题，缺乏有效的在线教学经验和策略，导致对课堂的把控力不从心。对于学生而言，信息素养的缺失使得注意力不集中，产生抗拒和应付心理，造成学习效果不佳。因此，提升师生的信息化水平是基础和前提。

（三）情感传递方面的缺失

大规模疫情造成的学生隔离居家学习，容易造成个体层面的情绪问题，如无法通过面对面方式进行言语沟通来产生情感共鸣。此外，由于大规模在线教学，网络不稳定、部分授课老师采用PPT演示方式进行单一课堂教学等因素造成了课堂互动氛围较差的问题。良好的互动过程能够使教师和学生更加沉浸于课堂氛围中，有利于增加师生之间的了解，提高教学的效率。采用直播的方式进行在线授课，由于缺乏面对面的互动感，使得师生、生生之间情感传递缺失。置身于在线教育的情境中，学生获得了极大的学习自主权，而教师也从知识的传输者转变为知识的促进者和评价者。因此，教师在进行在线教学设计时应充分考虑如何调动学生的积极性，增强师生、生生之间的交互，弥补由于无法面对面造成的情感传递方面的缺失，提高教学效果。

---

① 吴砥，周驰，陈敏. 互联网+时代教师信息素养评价研究［J］. 中国电化教育，2020（1）：56-64.

二、后疫情时代在线教育的机遇

（一）促进教育资源体系创新

在线教育的发展能够促进教育服务体系的创新。在线教育能够满足学习者随时随地的个性化学习需求，过程开展需要更好的监督、管理。由于师生处于不同的空间，教育服务的提供需要更注重过程和后续的教学质量跟进，而原有的现代教育技术条件支持下的在线教育服务体系未能满足日益发展的在线教育目标和需求，因此对于在线教育服务体系的创新是个前所未有的机遇。因此，作为在线教育服务的提供方，应整合优质的在线教育学习资源，利用现代信息技术如大数据、人工智能等来提高在线教育服务质量，不断优化在线教育服务体系的供给水平。

（二）推动在线教育服务升级

毋庸置疑，疫情加速了在线教育的发展进程。线上学习成为重要的学习方式后，学习者和教学者将会越来越适应在线学习和在线教学的方式，因此，社会对线上服务的需求会大幅度增加。这将对在线教育服务的供给能力有更高的要求。对于比较成熟的在线教育供给平台来说，疫情让原有的平台效能得到了较好的发挥，由于新时期出现的新问题，反而促进了这类平台对自身的课程和平台的更新迭代、新项目的开发运营等服务升级活动。对于还处于起步阶段的平台来说，也是一个进行快速市场推进的好时机。运用新技术，在线教育平台将通过精心的项目设计和运用来打造虚拟在线学习场域，丰富在线教育的场景，激发学习者的兴趣，更好提升用户体验。同时发挥大数据对学习效果的追踪、跟进，精确掌握学习者的学情资料，提高在线学习效果。

（三）促进偏远地区教育公平

疫情培养了在线教育的用户使用习惯，信息技术和教育的深度融合是大势所趋，这使得在线教育将持续下沉到三四线城市甚至偏远地区。数字化的教学平台使教育资源具有公开化、共享化和便捷性等优势，在线班级管理具有高效性等特点，这将会给偏远地区教师和学生带来更多便利。如，学生可以利用在线学习平台的学习资源进行自主学习，平台可以协助教师进行教学管理、优化教学设计。未来，"科技+教育"将会促进优质在线教育资源的共享，且课程资源开发和传播的成本大大降低，这将大大促进优质课程和优质师资向偏远地区辐射，大大改善了偏远地区教育资源不足的问题。

【案例】

网易云课堂

网易云课堂是网易公司旗下全新的、致力于职业技能提升的在线学习平台，该平台于2012年12月底正式上线，为用户提供教学内容的生成、传播和消费服务。云课堂精选各类课程，与多家权威教育、培训机构建立合作，主要为学习者提供海量优质的课程，课程数量已达一万以上，课时总数超十万。云课堂目前拥有Web端、移动端（Android、iOS）。

网易云课堂构建了六大课程体系，使得系统化的学习有章可循，包括职场通用技能、编程与开发、AI与数据科学、产品与运营、设计创意、电商运营。通过构建微专业、系列课程和题库三大特色板块，同时享有笔记、进度管理与学习监督以及问答等特色功能，使得课程与服务有机衔接，通过直播、视频、图文、测试等吸引用户，给学习者带来更好的学习体验。[1]

网易云课堂优质课程分门别类，公开课内容持续更新整合。课程界面不仅显示有详细的课程介绍，还有课程目录、学员笔记以及讨论区，同时还有课程答疑QQ群，让用户拥有更强的线上课程参与感。网易云课堂APP包括首页、推荐、课程、微专业、分类、我的学习、账号等一级页面；搜索、下载、课程详情、收藏、知识清单、文章等次级页面；还有课程咨询、购买课程、开始学习、观看学习视频、评价等系列交互流程。

---

[1]　网易云课堂官网. 关于我们［EB/OL］.

目前，网易云课堂主要的盈利模式有两种，一种是纯第三方课程，即平台作为中间方，以服务形式参与学生课时费分成，将重点放在引进优质内容上，区别于传统教育机构的互联网发展之路，借鉴了电商的销售模式，以向入驻的网师端用户收取流量佣金的做法，来吸引网络学习用户；另一种是自营课程，以网易云课堂为主，其他讲师或机构参与分成，与行业领跑者合作，整合行业优质资源，为学习者定制专属学习内容。[①]

网易云课堂作为线上学习共享平台，从实用性出发，为用户提供优质的课程内容与服务，帮助学习者进行知识管理，满足用户个性化学习和协作学习的需要，相关竞争平台有慕课、腾讯课堂等。教育平台的活跃用户量与职业教育、外语学习以及儿童教育的活跃用户量相比，仍然存在较大的增长空间。虽然教育市场潜力巨大，但是竞争仍然激烈，在没有一家独大的情况下，各平台也没有核心功能上的不可替代性。网易云课堂应继续保持优势，在构造高效学习环境的同时，把控住内容质量，促进内容精品化，完善学习与激励机制，在产品形态和渠道建设方面不断完善。

天天学农

2017年初，赵广结束了手头软件众包的创业项目，回到重庆老家时发现老家的亲戚"四五十岁的年纪，手机玩得特别溜"。赵广发现随着智能手机的发展，农民不再是传统的农民，他们开始通过移动互联网来寻找农技相关知识，开始寻求科学种植。

但是，互联网的信息多且杂，如何去辨别、获取新农民们希望得到的信息便成为了一种市场需求，也成为赵广的机会。2017年8月，"天天学农"创立。

天天学农是国内首家互联网农民职业教育平台，为农民提供技术

[①] 陈蕾. 中国在线教育平台盈利模式探析——以网易云课堂为例［J］. 视听，2018（05）：171-172.

教学和咨询服务，类似于农技版的"得到"。天天学农累计合作专家超1000人，合作机构120余家，提供超50000节精品课程，累计服务用户200万人以上，全面涵盖APP、小程序、新媒体、官网等多个渠道，为包含2.6亿种植户在内的3亿涉农人群提供有价值的农业知识服务，全面提升农户们的种植和管理水平，为涉农人群建一所线上"农民大学"①。天天学农还发布了国内首个针对中国农民互联网教育培训的分析报告——《中国农民互联网教育培训白皮书》。

目前平台提供的业务包括农技教育、国际游学、政企合作以及培训认证。农技教育又包括线上学院与线下学院，贯穿产前、产中、产后各个环节，涵盖生产、管理、营销等多方面，已经涵盖柑橘、葡萄、草莓等十余个经济作物，全面提升新农人软实力。国际游学业务带领农民走出国门，面向世界，学习先进生产技术，借鉴成熟管理经验。目前，天天学农平台主要受政府委托进行各种培训，同时与政府合作进行农业内容定制开发和线上线下农业服务，此外还提供各种农技峰会线上报名服务。天天学农携手权威高校和政企单位，探索符合时代发展的学习和认证方式，主要有农药经营许可证培训认证。

天天学农在课程设计上，考虑到农民的学习基础、农业劳作的消耗量，制造出一套课程标准：每堂课10~15分钟，简单易懂，图文音视搭配，知识点突出，主要方便学习者利用碎片时间学习。同时付费用户还有专门的微信和QQ群进行管理，方便用户与讲师联系。盈利模式方面，课程销售是其目前最主要的收入来源，课程除了农技外，还包括品牌营销的课程等。

面对巨大的市场和潜在的竞争，天天学农的优势表现在资源和团队两方面。资源方面，天天学农的下游客户端用户多是经验丰富的大型种植户，同时天天学农和许多农学院和产学研基地合作，在讲师方面有较强的资源优势。团队上，天天学农是互联网加农业的复合型团队，核

---

① 天天学农官网. 关于学农［EB/OL］.

心人员中有来自赣州柑橘园和农夫山泉果园的运营负责人；创始人赵广是一名连续创业者，曾在华为从事研发、运营等工作，擅长社区运营，对于天天学农的成长有很大帮助。现阶段的天天学农还处于发展壮大时期，平台于2019年完成数千万元B轮融资。未来，天天学农深耕种植户，在提供更多体系化的农技课程及实战演练之余，还将持续探索涉农教育服务的蓝海边界，将会吸引更多的用户群体。

表2-2　网易云课堂、天天学农平台分析

平台相关 ＼ 平台	网易云课堂	天天学农
资源内容	职业技能提升	付费农业技术教学和咨询服务
教学功能	1．六大课程体系：职场通用技能、编程与开发、AI与数据科学、产品与运营、设计创意、电商运营 2．三大特色板块：微专业、系列课程和题库	1．四大业务：课堂教学、国际游学、政企合作以及培训认证 2．主要课程内容：品种选择、田间管理、病虫害防治、水肥管理
界面设计	1．优质课程分门别类 2．课程界面涵盖详细：课程介绍、课程目录、学员笔记、讨论区	1．首页个性化推荐课程 2．课程界面涵盖：课程介绍、课程目录、课程评价
盈利模式	纯第三方课程；自营课程	课程销售

本章小结

1. 在线教育是属于远程教育的一种。远程教育经历了如下几个阶段：函授教育、广播电视教育、现代远程教育。我们对在线教育的定义如下：在线教育是一种依托互联网技术，以完成知识的建构为前提，运用网络、多媒体等多种交互手段，以学习者为中心的师生分离的教育活动。在线教育相比于传统的线下教育，具有虚拟性、开放性、交互性、实时统计性等特点。

2. 2013年被称为"中国在线教育元年"。在线教育顺应时代、符合潮流、代表先进。它通过利用互联网的技术支持，将传统教育网络化，极大扩充教育的内涵和外延，有利于构建网络化、数字化、个性化、终身化的教育体系，有利于建设学习型社会，代表了现代教育的新方向。

3. 在线教育的逻辑，应该主要从以下几个方面进行思考：教育资源的数字化、施教者的智能化、课堂在线化、学校网络化、学习者重点化、教学评估替代化。

4. 在线教育具有资源极其丰富、资源种类多样、资源获取快捷、资源具有共享性等优势。在线教育拥有自主情境，不受时间和空间限制，教学过程可重复，能够提供个性化教育，并具有广泛的交互性和协作性。

5. 根据教育对象的不同，在线教育可分为在线学前教育、K12在线教育、在线高等教育、综合网校、在线语言学习、在线职业培训等。

6. 在线教育的系统结构可分为在线教学、在线学习和在线学习资源。

7. 在线课程设计包括广义和狭义两种情况。广义的在线课程设计是指设计、开发或使用一种新型的在线教育课程模式，如网络公开课、慕课、微课等。广义的在线课程设计包含在线课程开发团队组建、在线课程资源开发、在线课程平台搭建、在线课程平台推广、在线课程评估等过程。狭义的在线课程设计是指针对一门具体的课程，如何更好地制定教学方案。狭义在线课程设计流程包括确定课程目标、统筹教育对象、组建讲师队伍、制定教学大纲、开展教学过程、评估教学成果和总结教育经验等过程。

第三章

职业农民与学习

第一节 什么是职业农民

一、我国农业从业人员的现状

步入现在的农村乡间，很多老人都摇头叹气："60后"不能种地、"70后"不愿种地、"80后"不懂种地、"90后"不谈种地。慢慢地我们不得不面对"年轻的人走了、留守的人老了、种地的人少了"这样的窘境，不得不引发"农村以后谁种地"的担忧。

城镇化是当代中国发展的潮流，是人类进步的必经阶段，也是国家现代化的重要标志。2000年中国城镇化率只有36.2%，2015年则上升至56.1%，到2019年末已达到60.6%，19年间城镇化率提高了24.4个百分点，年均增长1.28%。[①]

第一，城镇化加速。中国乡村人口如潮水般涌入城市，带来的不仅是"物的城镇化"，更是"人的城镇化"。当下，我国农民工总量接近3亿，并且还以每年约1%的数量在不断增长，越来越多人想要挣脱土地束缚，进入到城市中从事第二、第三产业，而农业从业人员则持续下降，2018年已下降到26.1%（如表3-1）。金三林在《内需增长的支撑：农业转移人口消费特点及发展趋势》一文中就指出，到2030年，农业从业人员将减少到1.6亿人左右，占全部从业人员比重21%左右[②]，但该分析略显保守，实际上减少的人数会比其预测的要多。史新杰在调研了中国东中西部的"十县百村"数据后得出结论：当下的异地转移模式主要是远距离的转移，这对农业收入稳定来说是不利的[③]。

[①] 数据来源：国家统计局。

[②] 金三林. 内需增长的支撑：农业转移人口消费特点及发展趋势［M］. 北京：中国发展出版社，2014：77-79.

[③] 史新杰，高叙文，方师乐. 劳动力转移、模式分异与农户务农收入——基于全国"十县百村"的实证分析［J］. 经济学家，2019（04）：103-112.

表3-1　按三次产业分就业人员数（年底数）

年份	就业人员（万人）				构成（%）		
	总计	第一产业	第二产业	第三产业	第一产业	第二产业	第三产业
2001	72797	36399	16234	20165	50.0	22.3	27.7
2002	73280	36640	15682	20958	50.0	21.4	28.6
2003	73736	36204	15927	21605	49.1	21.6	29.3
2004	74264	34830	16709	22725	46.9	22.5	30.6
2005	74647	33442	17766	23439	44.8	23.8	31.4
2006	74978	31941	18894	24143	42.6	25.2	32.2
2007	75321	30731	20186	24404	40.8	26.8	32.4
2008	75564	29923	20553	25087	39.6	27.2	33.2
2009	75828	28890	21080	25857	38.1	27.8	34.1
2010	76105	27931	21842	26332	36.7	28.7	34.6
2011	76420	26594	22544	27282	34.8	29.5	35.7
2012	76704	25773	23241	27690	33.6	30.3	36.1
2013	76977	24171	23170	29636	31.4	30.1	38.5
2014	77253	22790	23099	31364	29.5	29.9	40.6
2015	77451	21919	22693	32839	28.3	29.3	42.4
2016	77603	21496	22350	33757	27.7	28.8	43.5
2017	77640	20944	21824	34872	27.0	28.1	44.9
2018	77586	20258	21390	35938	26.1	27.6	46.3

来源：2019年《中国统计年鉴》。

　　第二，老龄化加速。农村人口的外流带走的不仅仅是农业从业人员的数量、农业的收入，而且加速了乡村劳动人员的老龄化。根据2017年《农民工监测调查报告》数据可分析得知，全国的农民工有五成以上都是80后农民工，年轻人已经成为农民工的主体，这从另一个角度反映了我国乡村人口进城和农业劳动力向非农产业转移具有"精英移民"的特征，外流劳动力在多个方面都比留在农村的那部分劳动力更优秀。在如今的农村，年轻人外出打工之后，老人和妇女无奈成了家庭中从事农业劳动的主力。根据三次农业普查得出的数据，1996年中国55岁以上的老年人比重大体占农业从业人员的14.2%；到了2016年，则上升到了33.6%（如表3-2）。这个年龄即使放在工厂、企事业单位都已经是力不从心的年纪了，更何况在农村农业方面需要面对机械化应用程度低、辛劳的播种收割、繁杂的病虫害防治等田间劳作。如果不加以引导与优化，我国将面临"无人种田"的严重危机。

表3-2　农业生产经营人员结构

	全国	东部地区	中部地区	西部地区	东北地区
农业生产经营人员性别构成					
男性	52.5	52.4	52.6	52.1	54.3
女性	47.5	47.6	47.4	47.9	45.7
农业生产经营人员年龄构成					
年龄35岁及以下	19.2	17.6	18.0	21.9	17.6
年龄36-54岁	47.3	44.5	47.7	48.6	49.8
年龄55岁及以上	33.5	37.9	34.3	29.5	32.6
农业生产经营人员受教育程度构成					
未上过学	6.4	5.3	5.7	8.7	1.9
小学	37.0	32.5	32.7	44.7	36.1
初中	48.3	52.5	52.6	39.8	55.0
高中或中专	7.1	8.5	7.9	5.4	5.6
大专及以上	1.2	1.2	1.1	1.2	1.4
农业生产经营人员主要从事农业行业构成					
种植业	92.9	93.3	94.4	91.8	90.1
林业	2.2	2.0	1.8	2.8	2.0

续 表

	全国	东部地区	中部地区	西部地区	东北地区
畜牧业	3.5	2.4	2.6	4.6	6.4
渔业	0.8	1.6	0.6	0.3	0.5
农林牧渔服务业	0.6	0.7	0.6	0.5	1.0

来源：国家统计局。

第三，受教育水平低。与此同时，从第三次农业普查的结果来看，在我国从事农业相关行业的人员学历都很低，大专及以上学历的农业从事人员仅占1.2%，绝大多数的从业者还是小学和初中文化水平，这个占比非常之高，达到了85.4%。由此可见，我们农业从业人员整体素质相对是比较低的。一方面，科学文化知识薄弱不利于学习与使用新设备与新技术，与发展现代农业的要求不相适应；另一方面，受教育程度的不充分让大多数农民的观念仍受传统思维的影响，往往看重的只是眼前利益，缺乏远见，缺乏集体意识，即使走向市场经济的大潮，也未必能成为成熟的市场主体。

第四，固有的认知偏见。而造成上述现象的原因，不仅仅是由于农村偏远地区教育资源匮乏、经济落后的因素导致，还因为长期以来我们对于农业有一种天然的、认识上的偏见，一提到"三农"就会联想到贫困与落后，年轻人在填报高考志愿时也不愿填报农学专业，即使"学农"也未必"爱农""务农"。长此以往，农业劳动人口老龄化、受教育程度低导致的活力不足正在侵蚀着我们的农村和农业，而提高农业从业人员的素质、技能与农业生产相匹配决定着农业现代化发展的步伐，决定未来中国农业的成败。所以，推进农民职业化进程便是我们的当务之急，需尽快培养专业的、懂技术的人才来带动其他人。

二、农民职业化的概念界定

（一）职业农民与传统农民的区别

说到"职业"，大家脱口而出的通常是老师、医生、警察、工人等等这些，而对于另一数量庞大的群体——农民，却往往被人们忽视和遗忘。这是因为很大程度上，长期以来对于"农民"的界定往往是身份的概念，而非视之为职业。而新型职业农民则是被定位为受认证的"职业"，传统农民却只是人们刻板印象中的一种个人"身份"——一种与"市民"相对的身份。但在2017年的"两会"上，习近平总书记在参加四川代表团审议时就对新型职业农民作出重新定义，即"爱农业、懂技术、善经营"，这是对农业精英的最高概括，尽显时代气节。2017年1月所公布的《"十三五"全国新型职业农民培育发展规划》中，将"新型职业农民"定义为"以农业为职业、具有相应的专业技能、收入主要来自农业生产经营并达到相当水平的现代农业从业者"，这也意味着贯穿中华文明五千年的农业思想与格局即将迎来翻天覆地的变化，未来的农业不再是守着自家的一亩三分地，勉强养家糊口的无奈选择，而是一项需要扎实技术才能从事的行业，也是需要与市场紧密联系并且能够致富奔小康的行业，更是一项因为热爱情怀而投身其中的事业！

（二）农民职业化的内涵

关于职业化的阐释，我们可以先从"职业"和"化"的理解入手，在《辞海》（1999）中，"职业"定义为"个人服务社会并作为主要生活来源的工作"，而《新华字典》（2013）中对于"化"的解释则是将某项工作转变成某种性质或状态时所体现的，因此职业化可以理解为一种工作状态的标准化与体系化。

国外学者关于农民职业化的研究成果较为丰硕，"职业农民"一词最早于1966年由美国学者沃尔夫（Eric R. Wolf）提出，他指出，职业农民（farmer）与传统农民（peasantry）有很大程度的不同，传统农民只是在追求养家糊口的农业生产目标，而职业农民拥有自由择业的权利，将农业作为产业，尽可能利用一切资源，运用市场化机制，旨在追求报酬最大化[1]。与沃尔夫观点遥相呼应的还有美国另一位经济学家弗兰克·艾利思（Frank Ellis）的

---

① Eric R. Wolf. *Peasants* ［M］. Jersey: Prentice Hall, 1966.

观点，弗兰克·艾利思在《农民经济学——农民家庭农业和农业发展》一书中叙述和提出了五种农户微观经济学理论，而职业农民在他眼中也被视为追求效率的农民，其特征是追求利益最大化；传统农民则被认为属于风险规避型①。国内对职业农民的研究大多起步于21世纪，对于农民职业化的定义，众学者基于不同的研究视角总结出的内涵大致趋同，认为农民职业化具有一定的理论研究性和实践可行性，是农民从代表传统阶级层级的身份标识向具有职业属性特质的职业标识转变的过程。例如：免平清等学者（2015）通过分析CGSS2010调查数据，指出农民职业化具有过渡性，是一个农民生产目的转变、素质提升和经营自主性增强的转变的过程；李香（2019）也同样认为农民职业化即传统农民向职业农民转变的过程，是和农业现代化发展所契合的，从象征身份阶层的传统农民向专职经营与管理农业的职业农民转变的过程。

除了从经济学和社会学角度理解外，从人力资源视角来看，职业化通常将其由内而外分为三个层次：

其一是职业素养，即职业意识与道德品质特征；

其二是职业技能，指专业技能与专业知识；

其三是职业行为规范与操作标准。

我们可以发现，这和我国新型职业农民"爱农业、懂技术、善经营"的九字定义所论述的三个方面互相契合。

综上所述，笔者对农民职业化的定义是适应现代农业发展所需，培养农民职业素养、提升农民职业技能、优化农民职业资质，促使农民群体从象征身份阶层向专职经营的职业化转变的过程。具体表现为：

其一，农民职业化是在以农业为从业领域，以农民为求职工作选择的环境中逐步实现的。职业农民的定位根据其职业工作的属性，依托行业的特质，发展成为专职经营与管理农业的工作者。从现实发展来看，我国农民职业化发展以试点培育职业农民（即我国政策支持的新型职业农民，下同）为主，正在

---

① 弗兰克·艾利思. 农民经济学：农民家庭农业和农业发展［M］. 上海：上海人民出版社，2006：38-56.

以点带面的方式进行扩张中，由于不同区域涉及经济、社会、自然等因素的差异，实现全面推进农民职业化发展仍在逐步落实。

其二，农民职业化是一个动态发展的过程，作为参与主体的广大农民经历着从传统农民到现代农民的阶段性提升，再到职业农民的深入转变。农民职业化不是一蹴而就的某种结果，而是在向职业农民的发展过程中，不断突破各个阶段的制约与阻碍，实现农民的自我革新与改进，是对农民整体的动态优化过程。

其三，农民职业化的发展目标是培育"爱"与"懂"并存的现代新型农民，即爱农且懂农。农民职业化发展的受益对象是全体社会成员，为社会公众提供充沛的就业岗位选择，不仅能提升现有农民的综合职业素质，并带动更多志愿从事农业工作的人才参与其中，不断充实未来，实现可持续发展。

（三）农民职业化的特征

在探讨职业农民的特征之前，我们必须回顾一下扎根于中国几千年的传统农民的发展，在传统中国，农民是一种与生俱来、难以改变的身份，是一种独特的阶层文化现象，其身份化表现在如下方面：

其一，农民由出身决定，生在农村就自然是农民，代代相传。

其二，没有准入门槛，无须经过专业训练和职业资格认证。

其三，即使职业改变，农民身份仍然深深烙印，比如"农民工""农民企业家"[①]。

各学者对于农民的定义分为职业角度和户籍角度，其中职业角度是指是否直接从事农业生产劳动，户籍角度是指是否属于农业户口。除此之外，还从职业、户籍以及居住地域三个层次进行划分[②]，一是指以土地为农业生产资料，长期从事农林牧渔业生产的劳动者，是狭义的农民；二是归属于农业户

---

① 卢荣善. 农业现代化的本质要求：农民从身份到职业的转换［J］. 经济学家，2006，6（6）：64-71.

② 王博，朱玉春. 论农民角色分化与乡村振兴战略有效实施——基于政策实施对象、过程和效果考评视角［J］. 现代经济探讨，2018（5）：124-130.

口，从事广义农业生产经营活动的劳动者；三是农村总人口，只要生活在农村地域即为农民[1]。因此，为了更加契合现代农业的发展，如今农民的职业化特征必定体现的是去身份化和重新定义"农民"内涵，促进农民工作走向更高级别的职业标准，使农民能够适应现代农业发展要求并与之协同共进。其特征表现为以下几方面：

一是对农业从业者整体素质的提升；

二是对现代农业专业分工的细化；

三是对农村人力资本优化的改造。

三、职业农民的认定标准

相对比我国，不少发达国家较早地实现了农民职业化，并且在此过程中职业农民的认定标准也逐渐完善，"持证种田"成为农业准入制度中的重要环节，形成了较为丰硕的实践成果，助推农业经济和农业现代化。艾略特·弗雷德森（Eliot Freidson，1973）就认为，具有了对应的职业资格证明才能称得上真正的职业化从业人员，所以职业资格证明就是职业化的条件，不仅能提升从业者的技能水平，还可以让整个职业市场更有规矩性[2]。而我国的新型职业农民培育工程还属于起步阶段，对发达国家的职业农民培训现状开展详细研究，将对我国新型职业农民培育起到反思和借鉴作用，因此笔者在阐释以下内容时，选取了北美、欧洲、东亚等具有代表性的发达国家农民培育体制，如德国、英国、加拿大、日本等进行分析[3]，并以国外实践、国内试点情况进行剖析。

---

① 李逸波. 现代化进程中的农民职业分化研究［D］. 河北农业大学，2013.

② Eliot Freidson. 1973. London: Sage Publications Evans, C., Nathan, M., & Simmonds, D. 1999. Employability through Work. Manchester: Centre for Local.

③ 胡静，闫志利. 中外新型职业农民资格认定标准比较研究［J］. 职教论坛，2014（10）：57–62.

（一）国外关于职业农民的认定

1. 德国

（1）"双元制"农民职业教育。在德国，如果你想成为一名农民，那不是一件简单的事。农民是德国各行业中最让人轻松自在的职业之一，而同时他们也是最富有的群体之一[①]。"双元制"农民职业教育——理论学习、配套企业实践学习、成人教育辅之业余教育的农民职业化教学体制，是最富德国特色的职业教育模式，这种模式为德国输送了大量的高素质农业技术人才，其中7％的农民具有大学文凭，而接受过较专业职业培训的农民也超过一半，他们在实践中学习真正的技能，并且也能将实践所得带入课堂、契合理论进而升华。

（2）严谨的行业准入程序。德国的认定标准和程序也是非常严谨的，农民要获得行业准入资格必须得历经培训和教育，并获得绿色证书（The Green Certificate）。在证书方面，证书级别从低至高又分为学徒工、专业工、师傅、技术员、工程师这五个不同的等级（如表3-3）[②]。在培训和考试方面，考生要进行两次考试，分别是培训毕业考试和职业资格证书考试，而在考试程序中，出于对考核质量和公平性的考虑，相关协会会严格把控考题和考评技术的可持续性。[③]

表3-3　德国职业农民资格证书名称及功能

等级	名称	认定标准	证书功能
1	学徒工证书	通过规定的结业考试	初级证书，非合格职业农民

① 张志松. 在德国，想做农民不容易［J］. 水利天地，2012（5）.

② 储诚炜，张波，许迪楼. 双元制和资格证书制度：德国农民职业教育的制度驱动［J］. 世界农业，2013（03）：132-133+141.

③ 储诚炜，张波，许迪楼. 双元制和资格证书制度：德国农民职业教育的制度驱动［J］. 世界农业，2013（03）：132-133+141.

续表

等级	名称	认定标准	证书功能
2	专业工证书	经历三年的农业职业教育，并通过规定的结业考试	农业专业工人，合格职业农民
3	师傅证书	通过一年的专科学习，并参加农业师傅考试	有独立经营农场和招收学徒资格
4	技术员证书	通过两年制的农业专科学校深造	可担任技术员和领导
5	工程师证书	到高等学府深造并经过考试	可担任农业工程师（欧盟颁发）

2. 英国

职业农民培训与正规教育相结合。由14家正规机构负责农民培训与资格认证，除农业院校和培训机构的教师外，还聘请一大批具有丰富经验的一线工作者。由这批具有经验的一线工作者及农民代表等组成相关委员会来负责考纲的制定，除了要进行基础理论考核以外，还要结合实践进行鉴定，主要考察学员对农、林、园艺等方面的知识技能掌握的熟练程度，经过农业职业培训的学员通过考试后才能获得相应的职业资格证书。依据相关资料整理的英国职业农民认定标准及对应职务如表3-4所示。[①]

表3-4　英国职业农民资格认定标准及对应职务

等级	认定标准	对应职务
1	具有在一定范围内从事常规的、可预测的工作活动的能力	半熟练工
2	具有在较大范围和变化条件下从事一些复杂的、非常规的工作活动的能力	熟练工

---

① 田玉敏. 发达国家农业职业资格制度分析及其启示［J］. 中国培训，2009（09）：56-57.

续 表

等级	认定标准	对应职务
3	具有在广泛领域从事各种复杂多变的、非常规的工作活动的能力，对他人的工作进行监督和指导	技术员；技工；初级管理人员
4	具有在广泛领域从事技术复杂、专业性强、条件多变的工作活动的能力，对他人的工作和资源的分配负责	工程师；高级技术员；高级技工；中级管理人员
5	具有在广泛的、通常是不可预见的条件下独立运用基本原理和复杂技术的能力；具有个人独立分析、决断、设计、规划、实施和评估工作结果的能力	工程师；高级工程师；中、高级管理人员

3. 加拿大

（1）根据行业需要设定培训专业。加拿大使用"绿色证书"制度来把控职业农民的资格认定，所培训的内容与专业知识是依据所处行业的需求进行设计的，涉及农作物生产以及各种牲畜养殖等8个专业。各专业职业农民资格认证从低到高分为生产技术员、生产指导员和生产管理员等3个层级。依据相关资料整理的具体认定标准如表3-5所示[1]。

（2）严格的考试模式。加拿大绿色证书考试分为评估考试和证书资格考试两种类型。负责培训的导师会在农场实地进行评估考试，测试学员的实践能力与技巧；而资格考试则是安排在指定的考试会场实施，由联邦政府绿色证书管理部门指定，同时会安排经验丰富的培训导师或农场主担任考官，考试内容分为口试和实际动手操作两个部分。绿证培训管理工作由地方政府农业管理部门、教育部门和农场协会联合实施。[2][3]

① 陈园园. 加拿大绿色证书计划的特点［J］. 中国职业技术教育，2009（28）：58-60.

② 周海鸥，赵邦宏. 加拿大农民培训模式分析与经验借鉴［J］. 河北经贸大学学报，2012，33（03）：91-92+97.

③ 胡静. 基于KSAIBs的新型职业农民认定标准及实现路径研究［D］. 河北科技师范学院，2015.

表3-5   加拿大职业农民资格认定标准

证书级别	认定标准
生产技术员	掌握农作物生产或牲畜养殖过程中各种作业程序和规范,独立完成常规工作
生产指导员	具有更多的技能、知识和更强的综合判断能力,能够对其他工作人员进行指导,评估工作中的问题和需要;确保生产经营计划和协议的实施等
生产管理员	具有管理农业生产和市场营销等方面的能力,能够管理日常财务工作,协调和管理各部门

4. 日本

（1）政府主导与扶持培训。日本在各发达国家中,虽然土地资源比较匮乏,但在创新且成体系的农业实践中,同样也跻身了现代农业强国的行列,其构建的"政府主导、主体多元"的职业农民培育体系发挥了重要的作用。在整个培训体系中,政府都是处于主导和扶持地位,尤其在法律和资金上给予了大力的保障。按照教育培训组织者的不同,日本的农民教育培训体系主要包括文部科学省的学校体系教育、农林水产省的农业教育、农协的农民培育和其他民间组织的农民研修制度（如图3-1）[①]。

（2）相对完善的职业农民资格认定程序。日本职业农民资格认定也是相对完善的,日本主要实行农业者认定制度和生态农户认定制度（如表3-6）。认定农业者制度在1993年就开始实施,实行注册农户制度,获得注册资格后的农户可以得到国家相关支持政策福利,旨在改善农户生产状况、推进农业规模经营、提高农业产业经营效率[②]。而生态农户认定是为了农业可持续发展开展的,期限为5年,程序也比较简单,获得认证的农户可以领取生态农户标志,并享受农业改良资金、税收优惠等政策[③]。与此同时,在农业高中,学生可以

---

① 费娜,魏红. 日本职业农民培育的经验及启示 [J]. 当代职业教育,2018（04）:37-41.

② 赵维清. 日本认定农业者制度及其对我国的启示 [J]. 现代日本经济,2012（02）:65-72.

③ 徐婧,梅凤乔. 日本环境友好型农业认证制度及其启示 [J]. 江苏农业科学,2012,40（02）:3-5.

根据兴趣爱好选择相关的专业进行学习，除了畜牧业，还有农业机械及园林等等，并可以考取如测量技师、锅炉技师或造园行业技师等资格证书。

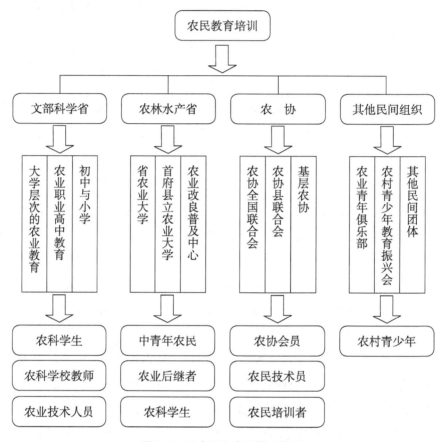

图3-1　日本职业农民教育体系

表3-6　日本职业农民资格认定标准

证书级别	认定标准
农业者认定	由市町村进行选择和认定，对改善农业经营效率和扩大规模上有积极性的农业经营者，其根本目的在培养掌握现代技术的农业经营接班人，提高土地的利用效率
生态农户认定	向所在都道府县知事提交可持续农业生产方式引进计划，并积极参与控制农药化肥施用，致力于土壤改良，获得知事认可的农户

（二）我国关于职业农民的认定

在我国，关于新型职业农民的官方定义是在新型职业农民培育实践中和农业现代化的进程中不断深化发展起来的。新型农民的概念随着社会主义新农村的启动和发展于2006年被正式提出来，而新型职业农民出现得相对晚，最初出现在2012年的中央一号文件《关于加快农业科技创新　持续增强农产品供给保障能力的若干意见》，之后在2017年"两会"四川代表团审议以及《"十三五"全国新型职业农民培育发展规划》中习近平总书记都有所提及，如表3-7。

表3-7　新型职业农民的概念演变（官方）

概念	时间	观点
新型农民	2006	社会主义新农村的启动和发展：有文化、懂技术、会经营的农民
	2012	2012年中央一号文件原文：扩大培训规模，提高补助标准，大力培育新型职业农民
新型职业农民	2017	"两会"期间：爱农业、懂技术、善经营
	2017	《"十三五"全国新型职业农民培育发展规划》：以农业为职业、具有相应的专业技能、收入主要来自农业生产经营并达到相当水平的现代农业从业者

1. 新型职业农民分类

2013年，农业部《关于新型职业农民培育试点工作的指导意见》提出，新型职业农民具体来说可分为生产经营型、专业技能型和社会服务型三种类型（如表3-8）。

---

① 张辉. 关于培育新型职业农民的探讨［J］. 农业经济，2014，87.

表3-8　我国新型职业农民认定分类

类型	分类标准
生产经营型	指以家庭生产经营为基本单元，充分依靠农业，社会化服务，开展规模化、集约化、专业化和组织化生产的新型生产经营主体。主要包括专业大户、家庭农场主、专业合作社带头人等
专业技能型	指在农业企业、专业合作社、家庭农场、专业大户等新型生产经营主体中，专业从事某一方面生产经营活动的骨干农业劳动力。主要包括农业工人、农业雇员等
社会服务型（2017年调整为"专业服务型"）	指在经营性服务组织中或个体从事农业产前、产中、产后服务的农业社会化服务人员，主要包括跨区作业农机手、专业化防治植保员、村级动物防疫员、沼气工、农村经纪人、农村信息员及全科农技员等

2. 培训内容设置

2017年，农业农村部发布的《"十三五"全国新型职业农民培育发展规划》中提出"至2020年全国新型职业农民总量将达到2000万人，成为建设现代农业的主导力量"的目标，并进一步解答了我国新型职业农民培育在培训内容方面的针对性、规范性和有效性的问题。

其一，设置职业道德素养、可持续性发展、团队协作等内容，重在提高综合素质。

其二，设置新设备、新技术、新功能、新成果的实践应用及市场化等内容，重在提升生产技能。

其三，设置品牌建设、企业管理、融资投资等内容，重在提升经营管理能力。

其四，在农民职业教育方面，设置职业素养、产业融合等内容，提高教育培养的系统性、科学性，满足高素质新型职业农民培育需求，进而推动农业职业教育课程改革。

3. 规范认定管理

1990年开始，我国借鉴国外发达国家经验，在全国推行"绿色证书"制度；1993年后又实行"农业职业资格证书制度"；直到2012年，"新型职业农民"概念逐渐完善和提出，农业部又开始开展新型职业农民培育试点，并在全国不同地区安排试点县（如表3-9）。

表3-9　我国职业农民认证制度发展

年份	认证制度	要求
1990	"绿色证书"制度	指农民达到从事某项农业技术工作应具备的基本知识和技能要求，经当地政府或行业管理部门认可的从业资格凭证，是农民从业的岗位合格证书
1993	农业职业资格证书制度	是劳动者具备某种职业所需要的专门知识和技能的证明，反映了特定职业的实际工作标准和规范，以及劳动者从事这种职业所达到的实际能力水平。分为"初级技能""中级技能""高级技能"以及"技师""高级技师"五种，是劳动者求职、任职、开业和用人单位录用劳动者的主要依据，也是境外就业、对外劳务合作人员输出技能水平公证的有效证件
2012	新型职业农民认定制度	根据2013年中央一号文件要求，开展新型职业农民培育试点，并在全国不同地区安排试点县，从已有试点县的经验看，存在多种认定标准和认定方法，如分等级认定、按类别认定、按生产规模认定、按经营状况认定等[①]
2017	新型职业农民和农村实用人才培育制度	建立完善新型职业农民培育和农村实用人才培养制度，加快推动新型职业农民和农村实用人才队伍建设

我国以上的相关政策措施都为新型职业农民认定标准等方面进行了有益尝试，结合前几年的试点实践，2017年在全国统筹开展新型职业农民和农村实用人才认定工作，并于当年12月份公布《农业部关于统筹开展新型职业农民和农村实用人才认定工作的通知》。

其一，制定认定办法。原则上由县级以上（含）人民政府制定认定管理办法，从而明确认定程序中的必要条件、参考标准、流程及主体、责任与权利

① 胡静，闫志利. 中外新型职业农民资格认定标准比较研究［J］. 职教论坛，2014（10）：57-62.

等内容，同时由县级认定管理办法按层级报市级和省级农业行政主管部门进行备案。

其二，明确认定标准。首先要进行充分的调研及论证，考察各地的发展水平及生产能力，参考其教育培训情况、设备使用水平、知识储备、生产规模与效益等内容，进而提出生产经营型职业农民认定条件，并根据实际逐步建立初、中、高三个不同等级所对应的标准。

其三，规范认定程序。农民自愿提出申请，县级农业主管部门按照认定管理办法中的程序，安排认定工作。对于达标的农民需进行公示，公示无异议后再认定为新型职业农民。同时，由规定的公共服务机构作为承办机构，负责审核、建档、证书发放、信息库管理及相关组织服务等事务，确保认定工作按规定程序完成。

其四，做好专业技能型和专业服务型职业农民统计工作。引导专业技能型和专业服务型职业农民参加职业技能鉴定，助其按程序获取国家职业资格证书。根据实际确定统计标准和指标体系，做好统计信息采集入库工作，确保生产经营型职业农民与专业技能型、专业服务型职业农民不重复统计。

其五，做好证书发放。尊重历史的同时要进行创新，完善"绿色证书"制度，由规定的部门给予获得认定的生产经营型职业农民颁发新型职业农民证书，作为享受扶持政策的有效凭证。

其六，加强管理服务。实行按年度复核的动态管理方式，安排专人做好新型职业农民信息档案建立工作，将认定和统计信息采集表录入到新型职业农民信息库中，实行客观的电子数据化管理且需确保数据质量。除此之外，还需各负责部门定期复核入库人员信息，提高信息的可靠性。

四、农民职业化发展对象

在新时代背景下，要想解决"谁来种田"的担忧，我们必须从人才固农的角度切入，并着手加大对农业人力资本的投入。因此，必须积极探索农业后继者培养途径，以保证农业后继有人为目标进行全面培养，研究制定相关政策吸引农业人才回乡务农。根据近几年的中央一号文件精神和我国当前农业发展的实际情况，职业农民的培育对象应该将包括以下几类：

其一，大学生村干部。这部分人知晓互联网及新技术，有利于将农业技术落到实处，帮助农民与城市建立联系。

其二，农村创业者。农村创业者大多是农二代、农三代，本身就是在农村长大，所以他们热爱农村，同时又具有远见，有利于农业的创新与突破。并且他们也是农村里的佼佼者，他们渴求挣脱约束，能更快接受新事物与新技术，可以快速改变农村现状并带领其他农民致富。

其三，返乡农民工。返乡农民工虽经大城市的熏陶，但依然牵挂着农村的发展，具有一定的农村情怀，他们中有不少人都掌握着知识、技能，并且在城市打拼中积累了一些资金和人脉，因此如果有志返乡再次创业、从事第一产业，那么他们将是主动回流推动农业事业的骨干群体；另一部分人员则是在外务工遇到挫折或困难而被动回流的群体。对于前者，政府应该对其进行政策引导和积极支持，鼓励其参加农业技能、企业管理等培训教育，营造良好的创业环境，把他们作为新型职业农民培育对象；对于后者，政府也应当积极引导、重点帮扶，使其成为职业农民的后备军。

其四，农村致富带头人。农村致富带头人主要包括小型农场主、合作社负责人、承包大户、养殖大户等。他们在小范围内可以起到良好的示范作用，且具有产业化理念及管理经验，除此之外还拥有资金基础，因此政府应当大力扶持和培育。

其五，农业技能型人才。农业技能型人才扎根于基础，拥有丰富的农业知识和专长，如农技推广员、无人机操作员、防疫员、植保员等，他们也应当成为职业农民培育的主力军。

以上各类新型职业农民培育对象我们可以称之为"务农筑梦者"，他们包括了农民工、退役士兵、中高等院校毕业生、科技人员等。现如今"返乡"成了一个非常流行的词汇，各种生产要素如人才、资本、技术等正在流回农村。他们怀揣助力家乡发展的梦想，回到了乡村。他们或有技术，或有资金，或有知识，探寻着"技术+组织变革"的方式，为现代农业发展注入了新鲜血液。这类群体，由于是初涉农业，我们不仅应对其进行农业技能专长教育，还应该重点加强现代农业职业精神教育、农业经营管理能力培育，相信在逐步完善的新型职业农民培育体系和逐渐严谨的资格认证体系下，这群务农筑梦者们，将更加坚定职业选择，增强创业信心，创业能力和经营管理能力也能够得到质的提升。

第二节　学习在农民职业化过程中扮演重要角色

一、现代农业对职业农民提出了学习要求

现代农业是政治、经济、人文、社会、科技等多元要素综合优化的作用结果，过去认为的农业现代化是指的"旧四化"（即机械化、化学化、水利化、电气化），而现在随着经济社会的日新月异，其内涵也得到了相应丰富更新，我们可以称之为"科学化、市场化、信息化、生态化"的"新四化"[①]。其特征表现为：

其一，资源整合程度广。广泛并充分利用人才、资金、技术、土地、农作物等各类资源为现代农业赋能，最大限度发挥资源的价值，创造规模效益，带动整个产业发展。

其二，科学技术水平高。众所周知，科学技术是第一生产力，农业与科技相结合不仅能够提升整个第一产业的技术含量与等级，优化行业科技标准，还能让创新成果转化为现实产能，并且有利于吸引农业高素质人才和培养有知识有技术的新型职业农民融入到农业当中。

---

① 刘彦随，龙花楼，王介勇. 中国农业现代化与农民［M］. 北京：科学出版社，2014：37.

其三，行业竞争能力强。现代农业将突破传统农业的桎梏与壁垒，经济、人文、生态等方面都得到日新月异的发展，产能与产量提升、行业规模扩张，同时吸引越来越多优秀的人才资源汇集，进而提高行业的综合竞争力。

以上都体现了现代农业的目标是打造一个资源集聚能力强、富有市场潜力、契合生态理念的高效产业。而伴随着在农业实践过程中的知识多元、工作细化，更多生产要素融合于农业发展中，因此，必须要以现代科学、合理高效的作业方式来从事农业工作，这就对知识和技术提出前所未有的学习要求，以适应"科学化、市场化、信息化、生态化"的现代化农业。同时，也意味着在高要求与严标准的当下，新型职业农民培育、学习道路必须与之契合，相辅相成。

一方面，要求唤醒农民的"自主意识"，提高自主学习积极性并能够紧密参与其中，主动通过接受教育、培训、见习等形式获取知识与技能；另一方面，积极引导更多专业人才参与农业工作实践，促进知识与技能的成果转化。在新型职业农民培育过程中，不仅要提高职业农民的专业知识和技能，而且还需要培养其面对市场化竞争时的经营管理能力，同时，职业素养和道德也是学习进程中不可或缺的部分（如表3-10），从而根据不同类型、不同级别的新型职业农民设置具体的量化指标和权重[1]。

表3-10　新型职业农民不同维度的学习要求

维度	指标	考察内容
文化素质	科学文化知识	包括学历教育和职业教育，是新型职业农民日常生产、生活必备的基础能力和最基本的素质要求
	基本法律知识	了解基本的法律常识并具备维权意识，了解农业相关的法律知识及农业相关政策

① 李宏伟，屈锡华，杨淑婷. 西方发达国家职业农民认定管理的经验及启示［J］. 世界农业，2016（03）：39-43+124.

续 表

维度	指标	考察内容
专业技能	农业科技水平	农业技术的了解和掌握程度，包括农业科技数量和质量、掌握的专业技术的种类和等级
	农业生产技能	农业生产经营年限、农业机械使用、农业投入品的了解和使用、对农产品工艺流程、工艺参数以及相关标准等掌握情况
经营管理能力	市场经济基础知识	市场经济基本规律和运行特点，市场供求信息收集、分析市场需求、市场营销渠道、农产品促销及分销等
	农产品市场经营能力	农产品商业化能力、品牌意识、创新意识，特色经营力、资源整合能力
	管理知识与能力	管理家庭农场、农业专业合作组织等所需的基础管理知识，以及人、财、物的专业管理能力
职业素养	生态环保	生态农业基础知识，农业污染防治知识和基础的生态农产品检测技术知识，绿色农资和清洁生产的意识和知识
	诚实守信	掌握市场经营的法律法规和行业规定，树立公平竞争、合法经营和诚实守信的观念

根据上述现代农业对职业农民的要求以及国外农业的发展经验，我们可以预测，农业未来想要从低层次的传统农业向高层次的现代农业转化，必然会朝着知识技术快速革新、商业模式改进升级、资源信息互通交融的趋势发展，并且随之带来第一产业市场细分和农业专业细分，逐渐催生出具备专职属性工作的岗位来满足行业所需，发挥人的最大价值与作用。因此，对新型职业农民的教育和培训将是农业发展的重要基石，为后者提供可靠的人才支撑和储备，在系统培育下的职业农民将从繁冗、重复的工作解放出来，将农业的工作当成终身事业来发展，并投入专注与感情，使农民成为自主选择的职业。当然，职业农民的素质要求标准也会随着市场需求和专业细分而提升，行业准入门槛逐渐拔高，其认证体系也会更加完善。而职业农民以及想要投身农业行业的有志者，树立终身学习、不断提升自我适应第一产业发展的理念将可能是迈入这个

事业的第一步。

二、构建农民学习的"三维力"来推动职业化转变

新型职业农民培育是一项浩大而系统化的工程，不能仅依靠单个力量或单一个体来实现。当前我国农民群体在学习、组织、管理等方面的能力还存在较大差距，学习资源也较为匮乏，无法独自保障学习的有效进行。因此，新型职业农民学习共同体应提倡构建"三维力"，即以政府为首要引导力，以新型职业农民为主要内生力，以社会各界为重要助推力，三力合一，共同发力来推动现代农民的职业化转变。

（一）政府——首要引导力

新型职业农民培育必须有一个强有力的引导力量，将散沙般的农民联结在一处。以政府为首要引导，但不意味着政府垄断或包揽农民教育学习，而是通过顶层设计、价值驱动、资源调配与政策制度保障等手段，统筹学习共同体构建，分摊农民教育主要责任。一方面有利于正面引导农民学习活动，另一方面有助于农民学习资源的整合与配置。要实现政府的主导作用，要求政府始终坚持以农民为本的理念，把促进农民学习与发展作为工作重心；承担起农民学习的主要供给，加强对学习共同体的投入；制定政策法规，建立健全农民学习各项保障；实施行政监督等。在此过程中，构建农民职业教育培训制度体系和职业农民资格认证制度是最为重要的一环，因为农业的现代化除了需要我们爱农、重农以外，还需要一群懂农业、知管理、晓创新、识技术的新型职业农民，而这部分人则需要通过专业的、流程化的职业教育培训来培养。我国现有的农业相关培训过于零散，没有结合实际进行考核，难以适应现代农业发展和农民职业化的要求。在我国教育体系当中，不重视农民的职业教育，甚至是快到冷落的程度，缺乏完善的程序与制度，培训设备与资金的投入也远远不足，导致培训效率低下。目前必须完善农民职业教育培训体制与相关认定程序，政府应投入资金并积极引导，保障教育培训落到实处，积极发挥引导力的关键作用。

（二）新型职业农民——主要内生力

农民学习和职业化转变的主角必须是农民，农民是乡村的主人，是决定乡村前途命运的根本力量，也是乡村振兴的主体。习近平总书记就多次强调："要充分尊重广大农民意愿，调动广大农民积极性、主动性、创造性，把广大农民对美好生活的向往化为推动乡村振兴的动力，把维护广大农民根本利益、促进广大农民共同富裕作为出发点和落脚点。"[①]坚持农民主体地位是以人民为中心的发展观在乡村振兴战略中的体现。

而农民作为新时代职业化转变的主要内生力，首先，要让农民真正懂得学习的重要性和必要性，对培育工程产生认同感与归属感，在乡村振兴和脱贫攻坚的时代背景下主动承担其时代责任和积极发挥其学习能动性，抱有强烈的使命感。其次，需要各类机制来凝聚他们的力量，指导他们使劲的方向，在顶层规划、制度设计、体系完善及经费保障等多个领域构建出基本覆盖全面的多样化终身学习系统。再次，要运用互联网信息技术让农民充分利用碎片化时间开展在线学习。当前随着农民获取信息和知识的渠道越来越多样化，电脑、智能手机等电子产品也已经深入田间地头，成为农民手中的必备品，基于此背景下，新型职业农民培育工程也应该紧跟潮流，整合现有资源，不断创新丰富学习者喜闻乐见的培育模式，例如建立线上云平台和农业信息大数据库，一站式实现学习、交流、问题解决等功能，利用互联网对职业农民学习者进行全程全方位的学习跟踪指导，激发学习兴趣，让学习质量和效率得到飞跃。

（三）社会各界——重要助推力

由于农民学习群体总量较大，一方面存在需求多元、众口难调的现象，农民学习也不适合整齐单一的大一统模式；另一方面，政府现虽为培育的主导力量，但从长远考虑，也不可能一力承担所有农民培育工程，其有限的资源往往显得力不从心。所以，社会各界的参与是必不可少的。基于"双赢共享"的

---

① 出自2018年3月8日习近平总书记在参加十三届全国人大一次会议山东代表团审议时发表的讲话。

多元参与，以社会多元资源作为重要助推力量是至关重要的一环。目前我国社会各界承担新型职业农民培育的主体较多，如各级农业广播电视学校、农林院校、职业技术学校、农民培育基地、第三方培训机构等，特别是农业高校，其课程资源、师资人才、技术实力等多方面具有极大优势，因此农业高等院校应该也必须承担起职业农民培育主力军和主心骨的作用，从而形成"以高校为核心，多主体共同参与"的模式，以此为基础引领职业农民培训的发展方向。

多方力量的参与，分担了部分农民学习供给，拓宽了农民职业化转变的资源渠道，是解决当前农民学习和职业化困境的有效方案。但值得引起管理者注意的是，在此过程中需要给各方一个合理定位和制度规则，正所谓"没有规矩，不成方圆"，参与学习共同体的建设，空有热情是不够的，要明确自身定位，做到有的放矢，力往合适的地方使。比如银行在此过程中扮演的角色与学校应该是不同的，它要做的是为农民学习提供资金保障，而不是去引导农民如何学习。这样，不同力量作为推动农民学习和职业化的一部分，才不会产生利益冲突，才不会因为部分违背制度的行为，导致整个新型职业农民培育工程的瘫痪。

本章小结

1. 城镇化速度加快、老龄化加速、受教育水平低、存在固有的认知偏见等问题是我国农业从业人口的现状。

2. 新型职业农民是一群"爱农业、懂技术、善经营"的群体，其所处的是需要与市场紧密联系并且能够致富奔小康的行业，其所从事的是需要扎实技术才能驾驭的职业，其所奋斗的更是一项因为热爱情怀而投身其中的事业。

3. 农民职业化指适应现代农业发展所需，培养农民职业素养、提升农民职业技能、优化农民职业资质，促使农民群体从象征身份阶层向专职经营的职业化转变的过程。其特征表现为：一是对农业从业者整体素质的提升，二是对现代农业专业分工的细化，三是对农村人力资本优化的改造。

4. 相对比发达国家较为完善的职业农民培育流程和认定标准，我国的新型职业农民培育工程仍属于起步阶段，还需开展大量工作，任重而道远。但近年来在新型职业农民分类、培训内容设置、规范认定管理等方面所实施的相关政策措施都为新型职业农民培育和认定做出了许多有益尝试，并取得了不错的成效。

5. 想要让新型职业农民培育工程长效化，从根本上解决"种田担忧"问题，就必须从人才固农的角度切入。着手加大对农业人力资本的投入，积极探索农业后继者的培养途径，研究制定更多相关政策吸引农业人才回乡务农，重点培育大学生村官、农村创业者、返乡农民工、农业技能人才等务农筑梦者。让更多农民工、退役士兵、中高等院校毕业生、科技人员回流农村，源源不断为现代农业发展注入新鲜血液。

6. 农业现代化发展不断提出新的问题、新的要求，行业准入门槛逐渐拔高，农民认证体系也将更加完善，因此职业农民素质与技能需要随着市场需求和专业细分而进一步提升，这就对农民群体提出了学习要求。学习在未来农民职业化过程中扮演重要角色，树立终身学习、不断提升自我来适应发展的理念将成为迈入第一产业的第一步。

7. 新型职业农民培育是一项浩大而系统化的工程，不能仅依靠单个力量或单一个体来实现。因此需要构建新型职业农民学习共同体，提倡以"政府为首要引导力，新型职业农民为主要内生力，社会各界为重要助推力"的"三维力"共同发力来推动现代农民的职业化转变。

第四章

农民在线学习

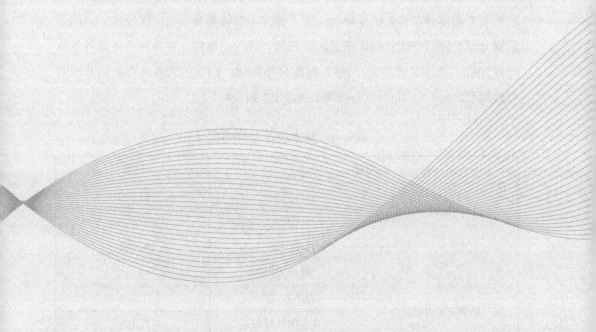

在线学习平台如何搭建与推广？农民在线学习习惯如何培育与发展？对农民学习的现状进行研究与分析是把握问题的关键。

通过了解农民在日常生活工作中的学习情况，深入发掘其学习特点及学习诉求，从而进一步分析驱动农民从线下转为线上、从被动接受转向积极主动学习的动机及其影响因素，提出适应"互联网+"的农民终身学习建议。这无论是对加快现代农业线上教育平台建设进程、更为精准地推出符合农民群体现实需求的在线学习内容，还是加快实现农民群体终身学习理念的树立和职业化转变的目标都具有重要意义。

本章两节都采用实证研究范式，以广东省农民群体学习为例，采用定量和定性研究结合的方法论，调查该地区农民群体的学习情况及特点，着重分析群体在线学习的动机、动机影响因素及其动机差异性等多个方面，并提出构建符合群体特征的在线学习体系建议。

考虑到广东省不同区域在区域宏观规划定位、社会群体结构、经济发展水平等方面都存在较大的差异性，为了使样本群体具有较强的代表性，该调研采取分层抽样的方式，向广东省的珠三角、粤东、粤西、粤北四大区域各发放问卷70份，总计发放280份问卷，剔除存在漏填、错填的无效问卷后，共回收有效问卷269份，问卷回收有效率为96.1%（如表4–1）。

表4–1　样本群体总体情况

变量		比重
性别	男	72.49%
	女	27.51%
从事农业的职业	一般农户	6.69%
	种植大户	10.78%
	专业养殖户	4.46%
	专业合作社带头人	21.19%
	家庭农场主	20.07%
	农业技术服务人员	9.67%

续 表

变量		比重
从事农业的职业	农业经济组织管理人员	7.81%
	涉农企业管理人员	14.87%
	其他	4.46%
学历	初中及以下	10.78%
	高中	42.38%
	专科	26.77%
	大学本科	17.10%
	硕士及以上	2.97%
年龄	20～30岁	8.55%
	31～40岁	39.78%
	41～50岁	41.26%
	51～60岁	10.41%

第一节　农民学习的特点

本节将从农民的学习意愿、学习内容、学习时间、学习方式、学习付费意愿等多个方面来对农民学习的现状进行研究与分析。

一、学习意愿强烈，渴求多样化知识内容

根据问卷数据，我们发现：在新型职业农民是否有持续学习意愿方面，

如图4-1所示，85.87%的新型职业农民对持续学习和参与培育有较强的意愿，其中41.26%的人表示愿意，44.61%的表示很愿意。在对知识内容的选择方面，其数据呈现出多样化的分布趋势，农业生产技术、农产品质量安全、市场营销、农场经营管理这四个内容类型的选择都超过了50%，其中农业生产技术的选择占比达到73.23%，市场营销的选择占比达到70.26%见图4-2。

农民在从事农业生产过程中往往会遇到新问题、新情况，如果凭借之前的知识储备无法解决该问题时，他们往往会有较强的意愿投入精力去开展学习，因此农民群体的学习抱有极强的目的性，农民学习的目的不仅仅是为了获取更多的知识，更是为了解决其在生活、农业生产中遇到的问题，通过学习来满足其发展需求。所以，很多时候他们学习的出发点是应用，强调即学即用，特别注重学用结合，为用而学，对所学到的知识要求立竿见影，特别是像生产技术和营销策略等与生产销售密切相关的知识内容，因而其对所学知识内容的需求呈现多样化、时效性、以问题解决为导向的特点。

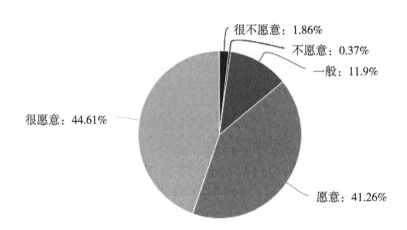

图4-1　农民参与学习的意愿统计

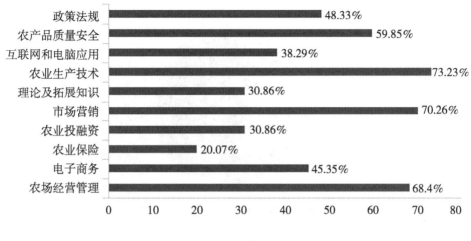

图4-2　农民对知识内容的选择倾向统计（可多选）

　　基于农民对学习知识内容的需求特点，培训内容建设应该顺应潮流，更具有针对性。随着农民向新型职业农民逐步发展，农民经营主体带头人、专业技能型农民、社会服务型农民等新型职业农民相比以前的农业从业者而言更加有能力、有技术、有情怀，他们对于新技术、市场经营知识、互联网知识、政策分析等有着更加深入学习的需求，因此，农民学习平台的建设不仅仅需要涵盖种植、养殖技术等经验性知识，还要对新型职业农民进行分区域、分层次、分领域培育，使农民更加适应现代农业前进的步伐。

二、学习时间零散，工学矛盾较为突出

　　在农村地区，绝大多数农民都有着多重身份，在生产、生活中承担着主要的责任，这意味着农民需要将其绝大部分的时间和精力投入到工作中去，而面对繁重的种植工作，农民一般都较难安排出时间来进行学习，特别是参加异地学习和培训时可能会给农民带来一定的经济损失。

　　为了进一步了解农民学习者在日常生活生产当中的学习时间的特点，在问卷调查中也对其学习频率、学习时长、学习时间段以及对农民学习影响较大的农忙工作等进行了调研，图4-3、4-4、4-5、4-6是所得数据的整理结果。

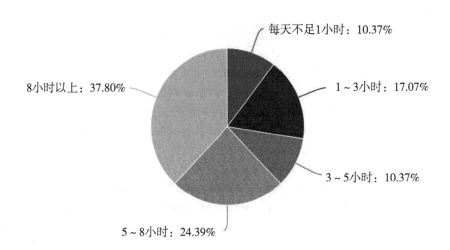

图4-3　农民农忙劳作时间统计结果

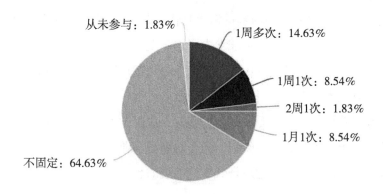

图4-4　农民日常学习的频率统计

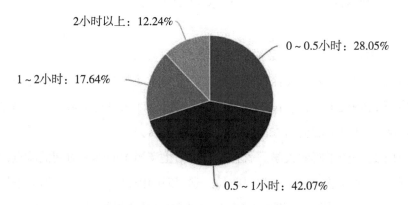

图4-5　农民每天参与学习的时长统计

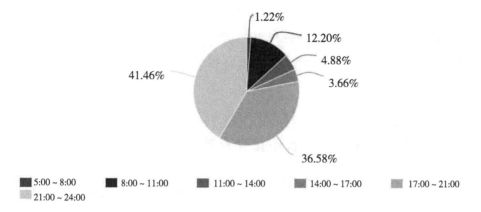

1.22%
12.20%
4.88%
3.66%
41.46%
36.58%

- 5:00 ~ 8:00
- 8:00 ~ 11:00
- 11:00 ~ 14:00
- 14:00 ~ 17:00
- 17:00 ~ 21:00
- 21:00 ~ 24:00

图4-6　农民日常学习的时间段统计

从上述图表可以看出，由于农业生产性和家庭生活性事务对时间和精力的占用，往往会导致农民日常学习的持续性不高，具体体现在学习频率不高、时长较少、时间零散不固定。统计结果显示，农民在农忙季节从事农业劳动的时间几乎占了除去休息时间外的绝大部分，8小时以上占比37.8%，5~8小时的占比也有24.39%。从学习频率来看，1周学习1次或者多次的群体总占比仅有23.17%，而绝大多数农民群体的学习频率通常是不固定的，占到了总体的64.63%；从学习时长来看，0.5~1小时的群体占比最大，为42.07%，超过2小时的学习者最少，只占12.2%，可以看出农民每天参与学习的时间通常是不满1个小时的，这些人群的数量占比高达70.12%；从学习时间段来看，农民基本上是利用晚上与深夜17:00~24:00的休息时间来提升自己，这部分人群比例高78.05%。

综上所述，从农民学习者的实际表现来看，其学习时间零散，工学矛盾比较突出，参与持续学习的积极性不高，因此较难形成系统有效的学习成效。

现代农业是科学化、市场化、信息化、生态化的农业，农业知识和农业政策都在与时俱进地发展变化，农民只有成为主动的学习主体才能真正发展为有文化、懂技术、会管理的农民。但农民往往会受到线下学习的时空限制，导致学习时间更短、频率更少、时间不固定等工学矛盾。因此，在线教育云平台的出现与推广正好能够有效解决这一问题，帮助农民灵活利用时间来进行学习。基于农民学习的现实特点，大部分的农民会选择线上学习是因为线上学习具有"时间自由、资源丰富、即学即用"的特点，在既不影响其从事农业工作的情况下，又能从中学到知识从而指导其社会生产实际，那么农民就会对在线学习更加主动。

三、学习方式多样，普遍接受在线学习

在培训方式的选择上，如图4-7所示，82.53%的农民表示在日常生产过程中遇到问题首先会向有经验的同行或专家请教，另外有69.52%的农民能够接受在网络平台上（如APP、微信小程序、网站等）学习，并且参与线下培训班也是农民学习的一大主要选择途径，占比达到67.29%，而通过书本和电视来学习的农民人数较少，仅为40.52%和10.41%。

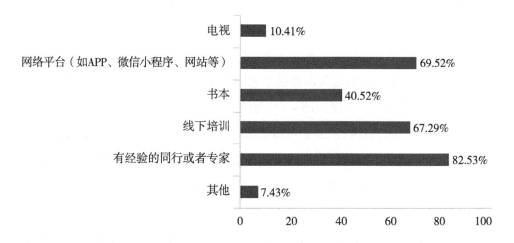

图4-7　农民学习方式倾向统计（可多选）

学习方式的选择受到农民本身的学习特点、学习动机、学习时间等多种因素的影响。根据上文所述，农民学习具有多样化、时效性、以问题解决为导向的特点，强调结果立竿见影，且学习时间短、学习时间不固定、学习兴趣多样。此外，农民学习方式的选择还受到外界环境和人为因素的影响，例如学习门槛、学习资源获取便捷程度、知识实用性等因素对其学习方式的选择也有着

直接的影响。农民学习方式的选择受到自身因素的影响较大，农民本身具备一定的经验和知识储备，但是由于自身思想的局限，一般情况下不太愿意去接受经验以外的学习，因此我们看到其更愿意向同行或者专家请教。所以在经验主义的惯性思维影响下，如果学习的方式过于抽象难解，且无法满足农民的发展需求，那么就难以引起农民学习的兴趣。

美国国家训练实验室的一项研究表明，面对不同的学习形式，知识被学员记住的学习保持率从高到低依次是教授他人式（90%）、实践联系式（75%）、讨论式（50%）等。同时建构主义学习理论和联通主义学习理论也提出了学习应该以学生为主体，农民在学习的过程中不是单单一个人的活动，还会与其他学习个体和社会发生联通，农民不仅仅向专家学习，还会向同行学习，相同需求的农民聚集在一起就形成了一个学习社区。因此，在农民培育平台的建设与发展中，应该鼓励农民主动对知识进行意义建构，采取学生作为主体的学习形式将起到事半功倍的效果，同时还可以搭建农民沟通交流的学习圈子，实现相互交流、讨论，而不只是简单地通过被动学习的形式来获取知识。

另外，图4-7的统计数据也说明了新型职业农民在参加针对性的课堂授课培训的同时，对线上一些新技能和新知识的学习也是颇为接受的。但需要注意的是，在线学习平台让农民以多样化、便捷化地获取知识的同时，还要多加考虑学习者的学习体验，一方面需要将信息一目了然地呈现，避免繁琐；另一方面要避免单一知识呈现方式造成学习疲劳。目前，在线学习的主流形式有基于短消息的在线学习、基于社交软件链接的在线学习、基于微信公众号的在线学习、基于直播或录播视频的在线学习、基于录音的在线学习，其中视频学习的形式以其学习环境轻松、学习效果直观形象的优点最受农民欢迎，未来VR沉浸式在线学习也将推广应用。

四、付费意愿不强，学习经费有限

调研过程中发现，在过去12个月之内的学习费用支出上，大部分农民的学习消费集中在1000元以内，58.36%的人群所花费的学习经费只占到家庭生活支出的5%以下（见图4-9），同时农民对于学习付费意愿并不强烈，很愿意为学习付费的比例仅为7.81%（见图4-8）这说明在过去一年学习经费的支出上，绝大部分新型职业农民投入在农业技能培训和经营管理上，学习项目较为集中，且学习经费有限。

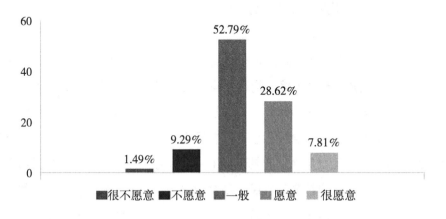

图4-8　农民学习付费意愿统计

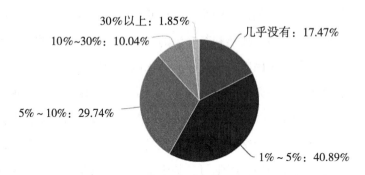

图4-9　农民学习经费占家庭生活支出比例倾向统计

现阶段大部分农民所采取的是以农户为单位的小规模经营方式，学习和采用新技术的成本较高，超过农民的承受能力，所以农民通常会对新技术带来的风险下意识表现得较为谨慎，而且农民经济基础薄弱，面对较高的学习费用也往往会望而却步。因此，尽管潜在需求强烈，但是学习付费意愿不高。

相关研究提出，在乡村振兴战略背景下，新型职业农民培育经费补助主要包括"差异化切块模式""政府购买服务模式"和"培训券模式"以及其他资金来源①。但由于中央财政提供的资金有限，各地对新型职业农民培训的重视程度不同，造成资金投入差异较大，严重影响培训的效果。这种局面也造成了农民培训缺乏竞争机制，不利于发挥全社会的资源优势。

因此，要切实提升新型职业农民培育质量，解决当前学习需求强烈但参与效果不佳的问题，就需要充分重视和做好新型职业农民的系统化培育设计：一是加大政府资金投入，组织开展多部门的协同支持，带动更广泛的社会力量和社会资金参与新型职业农民培育；二是做好培育工作的监督管理、考核评价机制，从全过程、多层次上形成系统化的质量保障体系；三是大力推进农民培育数字化资源建设和平台开发，让农民学习的门槛更低，学习费用更少，学习效果更好，让学习资源更为广泛地传播、共享和利用；四是利用大数据进行农民学习群体分析，建设深度挖掘新型职业农民学习习惯的平台，实现培育内容精准推送，使其成为精准扶贫扶智、推动区域经济发展的重要途径②。

第二节　农民在线学习的动机

目前，以政府为主导的线下培育模式所呈现出来的效果与期望值还存在一定的差距。究其原因，一方面，农民在培育的过程中没有形成准确的自我定位，往往认为自己是被动的受教育对象，而不是主动渴求知识的学习者；另一方面，虽然驱动农民学习的内外部动机很多，但同时也会存在阻碍其持续自我提升的主客观影响因素，对学习障碍的感知不仅会影响学习行为，而且可能会

① 姜海军．新型职业农民培育存在的问题及对策建议——以江苏省淮安市为例［J］．当代继续教育，2017，35（5）：12-17.

② 王楠，张伟远，苟江凤．"互联网+"背景下新型职业农民群体终身学习现状及发展建议研究［J］．中国电化教育，2019（06）：63-72.

削弱动机，甚至放弃学习。因此，除了学习资源供给需要进一步完善外，农民自身的学习需求和动机也亟待激发、增强。在线学习的推广与应用为新型职业农民培育工程提供了一个极为重要的选择，在不影响农民正常生产和生活的同时，可以打破时空的局限，提高知识技能的掌握程度，符合职业农民从事行业特点、学习基础和学习习惯。

未来，涉农知识将更加专业，涉农工作将逐步细化，涉农门槛也会不断提高，并且越来越多的生产要素将融入农业发展，因此需要培育一批"有文化、懂技术、善经营、会管理"的职业群体以现代科学、合理高效的作业方式来从事农业工作。故而农民只有成为主动的学习主体，融合正式学习和非正式学习，才能真正发展成为"新农人"，适应"新农业"。面对这些变革时，农民选择在线学习的动机是怎样的呢？哪些动机促使他们从被动的接受者向积极主动的学习者转变？农民在线学习动机又会受到哪些因素的影响？不同类别的农民在线学习动机是否有显著的不同？本节同样基于269名样本农民的调查数据，采用统计分析方法对农民在线学习动机的现状及其影响因素进行呈现，进一步发现农民在线学习行为的影响机制，帮助其克服在线学习的障碍、激发学习动机，最后提出对改善培育质量具有指导作用的建议。

一、在线学习的动机水平

亚伯拉罕·马斯洛（Abraham Harold Maslow）在1943年发表的《人类动机的理论》（*A Theory of Human Motivation*）一书中提出了"需求层次论"，他认为：驱使人类做出行为的动机是由多种层次不同的需求构成的，不同领域、不同阶段的需求各异，并且也是有高低层次之分，因此他把各种需求按由低到高划分为五个层次：（1）生理需求——最为本能地维持生存和延续种族的需求，包括衣、食、住、行等方面；（2）安全需求——对保障自身安全、生活稳定、免于灾难、摆脱威胁的需求；（3）隶属与爱的需求——包括友爱的需求和归属的需求；（4）尊重需求——希望自己有稳定的社会地位，能力和成就得到社会认可并尊重的需求；（5）自我实现需求——这是最高层次的需求，即追求个人理想实现的需求。前三种需求属于较低层次的需求，一般通过外部条件便可满足，而尊重需求和自我实现需求是更为高级的需求，通过内部因素才能满足，并且永无止境。一般而言，某一层次的需求满足了，就会向更高层次的需求发展，追求更高层次的需求便成为行为产生的驱动力。农民参与在线学习的动机也如此，不外乎是因某种需求而产生，在不同阶段会变化发展，也会逐步从低层级向高层级发展。

结合前期的文献研究和访谈调研，发现农民在线学习动机与需求层次理论具有较高的契合度，因而基于此，将农民在线学习的动机划分为以下七个维度：（1）及时解决生产问题；（2）碎片化学习；（3）移动设备学习便捷快速；（4）功能丰富多样；（5）获得职业农民身份的认可；（6）拓展社交圈；（7）他人的示范带动。在问卷调查中运用李克特五级量表对在线学习动机进行评级测试中，七个动机的平均得分分别是：4.086、4.227、4.227、4.104、3.989、4.227、4.100（如表4-2），得分从低到高的排列顺序为：（6）＝（2）＝（3）＞（4）＞（7）＞（1）＞（5），其中"拓展社交圈""碎片化学习"以及"移动设备学习便捷快速"得分最高，即使得分最低的"获得职业农民身份的认可"选项也有3.99的分数，如果按照"4—5为高水平，3—4为中高水平，2—3为中低水平，1—2为低水平"的评分标准对农民在线学习动机进行分类的话，那么，前六项属于高水平动机，获得职业农民身份认可属于中高水平动机。可以看出，农民在不同方面都表现出对在线学习较为强烈的兴趣与动机，其中拓展社交圈、碎片化学习和移动设备学习便捷快速是驱动农民开展在线学习最为主要的动机。

表4-2　农民在线学习的动机得分统计

动机分类	N	平均得分（从高到低）	标准偏差
（6）拓展社交圈	269	4.227	.661
（2）碎片化学习	269	4.227	.661
（3）移动设备学习便捷快速	269	4.227	.672
（4）功能丰富多样	269	4.104	.689

续 表

动机分类	N	平均得分（从高到低）	标准偏差
（7）他人的示范带动	269	4.100	.724
（1）及时生产解决问题	269	4.086	.731
（5）获得职业农民身份认可	269	3.989	.822

二、农民在线学习动机的差异性

农民在线学习过程中，由于其存在性别、年龄、学历、所从事的农业类型、家庭年收入的不同，因此在其学习动机上也会存在差异性，在马斯洛所提出的需求层次理论中就有讲到，人们必然先解决的是缺失性需求，继而才是成长性需求，这是人类赖以生存的前提，对于广大农民来说也不例外，其参与学习的首要目的是及时解决生产生活问题，在基本需求得到满足后，成长性需求增强，认知兴趣、获得认同感和自我实现的动机取向才会更加强烈。以下从四个方面对农民学习动机的差异性进行具体讨论。

（一）性别

目前学界关于成人学习动机在性别领域的研究成果不尽相同，但是一般认为在职业发展、外界期望和社会交往方面，成年男性的倾向性会高于成年女性，而女性则倾向于解决现实问题，探索求知兴趣。对在线学习动机做性别差异比较中，我们发现由于农民群体的特殊性，男性和女性在获得职业农民身份认可、扩展社交圈、他人的示范带动这三个动机取向上有显著性差异（显著性 p 小于0.05），且女性均值大于男性。在其余四个学习动机上没有显著性差异（显著性均大于0.05）（如表4-3）。表明本研究中女性的在线学习动机更倾向于对职业进展、社会交往与隶属尊重的需求，且女性的动机均值为4.18，高于男性的4.11。虽然不同于普遍研究结果，但是结合当前社会发展促进女性独立的进步，女性农民被报告出更高的自我效能感、独立意识和社会担当则有了更好的解释。

我们在访谈中，来自广东阳江的张女士就主动谈到："学习是为了跟上脚步，新农业要有新做法，有些东西不能靠传统经验，涨知识才能改变思维……选择在线学习最大动力是可以结识更多新农人，人与人之间是要互动才有感情，才能真正让资源对接到点。"而从事山茶树种植的廖女士是早教老师，后来慢慢踏足农业，也逐渐意识到了学习的重要性："我是从教育行业转行到农业的，之前做早教老师，2006年便返乡创业了。因为角色的转换，我发现农业需要进步，我们就需要从农户的一个角色，通过学习去转变成一个经营者的思维去对待农业。这两年的学习确实帮助很大，之前不知道怎样去经营，但通过参加技能培训后，逐渐能够结合一些实际场景运用所学的知识和技能，去解决遇到的生产问题"。

随着越来越多的女性农民希望能够通过学习来获得社会认同感和身份认定，政府也深入实施"乡村振兴巾帼行动"，积极开办农业职业经理人巾帼班、新型职业女农民培训班，打造巾帼农业创业基地、全国巾帼现代农业科技示范基地等等。虽然在广大的农村地区，传统"男主外、女主内"的家庭角色和家庭分工仍然存在，但通过互联网终端设备开展学习，或许是对增进农村妇女社会支持和自我效能感的一种不错选择。这让被生产性和生活性事务占据绝大部分时间和精力的女性学习者，可以通过树立榜样、替代强化、及时反馈、策略指导等措施，利用零碎化时间及时解决她们遇到的挫折和困难，激发其学习动机，从而让广大妇女投身富民兴村产业，主动担当起带领贫困妇女群众脱贫致富的社会责任。

表4-3　农民在线学习动机的性别差异

题项	男（N=195）		女（N=74）		T	p
	M	SD	M	SD		
（1）及时解决问题	4.10	0.729	4.05	0.738	0.434	0.664
（2）碎片化学习	4.22	0.687	4.24	0.592	0.251	0.802

续表

题项	男（N=195）		女（N=74）		T	p
	M	SD	M	SD		
（3）移动设备学习便捷快速	4.18	0.679	4.34	0.647	1.675	0.095
（4）功能丰富多样	4.10	0.693	4.12	0.682	0.257	0.798
（5）获得职业农民身份认可	3.95	0.867	4.06	0.691	2.101	0.037
（6）扩展社交圈	4.20	0.664	4.26	0.658	3.001	0.003
（7）他人的示范带动	4.00	0.732	4.19	0.706	2.291	0.023

注：M：Median，表示中间值；SD：Standard Deviation，表示标准偏差；T：Student's t-test，表示检验；P：Probability，表示概率显著性。

（二）年龄

以手机为代表的智能移动终端，作为农业领域应用的新事物，因其小巧轻便及通讯便捷不断深入渗透到农业行业当中，不仅仅应用于农民在线学习，而且在农业技术应用、农产品出村进城等各个环节都能看到其身影。在对在线学习动机做年龄差异比较中，我们发现不同年龄在移动设备学习便捷快速、移动学习功能多样丰富上有显著性差异（显著性p小于0.05）（如表4-4），其中40岁以下的农民对移动设备学习快速便捷和功能丰富的动机分数均值大于40岁以上的农民。

可以看出，在农民在线学习动机中，不同年龄的群体参与在线学习的动机原因和动机强弱也有所不同，相较于年纪较大的农业从业人员，40岁以下的年轻农民更容易接受在线学习。

对此话题，49岁的魏先生就谈到："平时会网上学习，但比较少。选择在线方式进行学习是为了完成政府、专家给的任务，那是没办法才线上学习的。本来在线学习这个行为是要有很强的自律意识的人才可以有效果的，最佳学习方式还是专家现场并有针对性地指导，并不是说平台提供的课程不是自己想要的，而是有时候学不进去。如果一定要保证在线学习效果，那就得进行严格的考核。"

51岁的水稻种植合作社吕社长认为年轻人在身心方面更适合在线学习，他说："以前学习一般通过书籍或者请教当地的土专家，移动设备学习几乎不怎么使用。加上现在年纪大了，田间的工作量就已经觉得很大了，看手机久了眼睛受不了。说实话，年轻人当然比较适合线上学习，但是当前新农人，大部分都是中年人，甚至中老年人。"

转变学习观念和接受新的学习方法也是年纪大的农民进行在线学习的一大阻碍。57岁的农场场长司徒先生指出："年纪问题会导致接受新知识比较难，就算去学习，有些东西也不一定听得懂，特别是政策性的问题。对于农业中实操的情况，我们是比较了解的。但新方法新理念，像我们一样的旧农人不一定接受。"

当前我国的农业从业群体仍然是以中老年人劳动者为主，虽然信息技术正推动着传统农业从经验走向信息化、数字化、智能化，从分散走向融合。不过从经济学角度来说，年龄越大，接受学习新事物不仅难度越来越大，收益越来越小，并且风险也是逐渐增大的。因为仔细辨别新旧事物的细微差异，是需要花费大量时间精力去寻找，辨别，分析处理信息的，也是需要通过反复多次的训练来重新建构新的工具使用逻辑的。以往只看到老年人群的不适应，而很少看到数字化产品本身的"不适老"。但现在和未来，当年纪较大的农民群体在面临"数字化鸿沟"的时候，我们恐怕不仅仅要提醒大家提高学习技能，更要更多地思考如何回归"技术为人服务"的初心。

新型职业农民培育工程的"助农"方案让我们看到，作为公共产品供给者的政府，正本着为农村弱势托底的理念，保障农民在科技和社会进步中获得最大福祉。而以数字化为代表"农民在线教育"是技术的进步，未来需要更加注重坚守为人服务的初心，更加细致地考虑云平台的交互性和实操性，给更多时代的"后进者"保留宽容和空间，这是非常有必要的，也正是一个社会真正进步的标志。

表4-4　农民在线学习动机的年龄差异

年龄 变量	20-30 （N=23）		30-40 （N=107）		40-50 （N=111）		50-60 （N=28）		F	p	事后检验
	M	SD	M	SD	M	SD	M	SD			
（1）及时解决问题	4.22	0.671	4.06	0.787	4.10	0.713	4.04	0.637	0.361	0.781	
（2）碎片化学习	4.17	0.717	4.21	0.701	4.25	0.625	4.21	0.630	0.117	0.950	
（3）移动设备学习便捷快速	4.26	0.619	4.21	0.740	4.05	0.624	4.00	0.609	2.701	0.046	1，2 > 3，4
（4）功能丰富多样	4.30	0.703	4.07	0.773	3.99	0.634	3.96	0.508	2.987	0.032	
（5）获得职业农民身份认可	4.17	0.778	4.00	0.847	3.96	0.852	3.89	0.629	0.554	0.646	
（6）扩展社交圈	4.22	0.736	4.21	0.723	4.25	0.610	4.21	0.568	0.095	0.963	
（7）他人的示范带动	4.26	0.689	4.13	0.702	4.06	0.778	4.00	0.609	0.716	0.543	

（三）学历

以学历为自变量，以及时解决问题、碎片化学习、移动设备学习便捷快速、功能丰富多样、获得职业农民身份的认可、拓展社交圈、他人的示范带动等动机为因变量进行单因素方差分析，结果发现不同学历在移动设备学习便捷快速、扩展社交圈等动机取向上有显著性差异（显著性小于0.05）。其中，专科学历的农民比高中和初中及以下学历的农民，其动机更加倾向动机移动设备学习便捷快速；硕士及以上学历的农民也比高中学历农民更认同动机移动设备学习便捷快速；另外，硕士及以上学历的农民在扩展社交圈中的动机取向却没有其他四种学历的群体认同感强。其余5个学习动机上没有显著性差异（显著性均大于0.05）。整体也无显著性差异（显著性大于0.05，如表4-5）。在诸多成人学习动机研究中也表明，受教育程度较高的人群倾向于认知兴趣和探索未知的动机取向，受教育程度较低的人则倾向于职业进展、外界期望、社会接触等动机取向。

以政府为主导搭建的农民学习平台初衷是希望通过参与教育培训来获取现代职业化素质提升进程中所需的知识技能。但在此过程中农民往往会根据自身实践经验对教育内容进行"价值考量"，有意无意往里掺杂了"获得证书""扩展人脉"等动机，特别是学习能力较弱的农民在发现教育内容的知识较难以理解并运用于实践时，其理性诉求会容易向"名头""社会资本"等偏离。由此可见，不同学历或者受教育水平不一的农民学习群体在参与农民培育过程中的动机和关注点会因情景发生相应变化，从而出现教学供需双方目标分歧化，使双方的关注重点偏离了原本设计的目标，造成依托"新型职业农民培育"这一资源平台寻索其他目标的现象。

访谈内容可以佐证这一现象，种植户谭先生（初中学历）就谈论到："之所以参加培训班，是因为能够和有经验的同学交流。即使课程结束后，'同学'这层关系让我们对彼此更加信赖，这是多好的社会资源……。"而农民黄先生（高中学历）则说："我比较关心的是可以通过培训班拿到结业证书，并且可以对接一些政府出台的政策补贴。"

显而易见，大多数积极主动愿意参与新型职业农民培育活动的群体往往是已经受过良好教育、农场经营状况良好的生产经营主体中的青年或精英[1]。调研数据反映也正是如此，对于新型职业农民培育充满期待的群体正是那些已经从过去的培育学习中受益的农民，其中那些已经拥有一定文化资本可以充分利用学习机会的人才更有可能从中真正并长久受益。而有一些农民存在培育价值感知偏差的情况，一方面可能是培育内容与其实际需求之间存在较大偏差；另一方面可能是没有充分意识到培育活动所存在的价值与意义，从而对教育培

---

① 陈春霞. 新型职业农民胜任素质模型构建及培育路径研究［D］. 华东师范大学，2019.

训产生了期待偏差。鉴于此，在当前新型职业农民培育还处于实施的相对初级阶段，除了让学习内容更加适配农业生产中的实际需求外，引导方和组织方应该注重以下几个方面：

一是通过政策的宣传与引导，加强农民对于新型职业农民培育的认知，让他们了解系统的培育活动可以帮助其认识现代农业发展的规律、提高农民职业化转变的能力、激发农场可持续发展的潜能，从而提高其对于参与培育活动的积极性与主动性。

二是系统设置新型职业农民学员的遴选原则、条件、方法、程序，深入基层，层层筛选，以自愿参与为原则，重点遴选真正需要参与培育的生产经营型农业从业者群体。避免因外部期望及指令而被动参与，也避免出现"培训专业户"而带来的相对资源浪费，将学习机会和学习收益赋予真正愿意参与新型职业农民培育的群体。

三是"线上整体普及化，线下分层差异化"，一方面利用互联网降低学习门槛，推动学习资源普及，开放在线教育内容使之覆盖整个农民培育工程，提升农民整体素质。并且利用互联网传递性、自由性、实时性、交换性、共享性、开放性的特点，增加更多学习者之间的交互功能和社群支持功能，塑造良好的学习氛围，满足其社交需求的同时实现沉浸式学习；另一方面，取消以往大班"大水漫灌"的培育形式，因为农民职业化发展过程中的每个阶段都有其独特的工作任务和胜任素质特征，且其学习情境、学习内容以及学习互动形式在不同阶段有其一定的偏好。对不同学历设置不同的人才培养方案，采用理论教学和实践教学相结合、集中学习和分散学习相结合、线上学习和线下学习相结合、共性考核和个性考核相结合等多样化教学模式。以需求为导向，分层分类分模块培育，在把握学习需求影响因素规律的基础上进行精细化分类，从而精准服务培育对象。

表4-5　农民在线学习动机的学历差异

动机 ＼ 学历	初中及以下（N=29）		高中（N=114）		专科（N=72）		大学本科（N=46）		硕士及以上（N=8）		F	p	事后检验
	M	SD	M	SD	M	SD	M	SD	M	SD			
（1）及时解决问题	4.07	0.923	4.04	0.709	4.14	0.718	4.13	0.718	4.00	0.535	0.260	0.903	1<3，1<4，<3，1、2、3、4>5
（2）碎片化学习	3.93	0.884	4.23	0.625	4.32	0.646	4.30	0.591	4.00	0.535	2.238	0.065	
（3）移动设备学习便捷快速	3.97	0.906	4.18	0.627	4.38	0.638	4.33	0.598	4.00	0.756	2.679	0.032	
（4）功能丰富多样	4.07	0.799	4.06	0.682	4.24	0.661	4.11	0.640	3.63	0.744	1.779	0.133	
（5）获得职业农民身份认可	4.10	0.860	4.01	0.793	4.04	0.879	3.87	0.806	3.50	0.535	1.186	0.317	
（6）扩展社交圈	4.31	0.604	4.21	0.631	4.33	0.671	4.15	0.729	3.63	0.518	2.456	0.046	
（7）他人的示范带动	4.21	0.675	4.07	0.737	4.17	0.712	4.07	0.772	3.75	0.463	0.852	0.493	101

（四）所从事的农业劳动

通过对在线学习动机做不同农业劳动类型的差异化比较分析，以所从事的农业类型为自变量，以及时解决问题、碎片化学习、移动设备学习便捷快速、功能丰富多样、获得职业农民身份的认可、拓展社交圈、他人的示范带动为因变量进行单因素方差分析，所得结果显示仅有在线学习动机为"碎片化学习"达到显著性差异（显著性小于0.05，如表4-6）。其中，农业管理类、农用物资类的农民比种养类的农民更认同碎片化学习的动机取向，同时，对于碎片化学习动机取向农业管理类比农业加工类更加认同，农用物资类比农业加工类也更认同。

基于此，我们分析不同类别的农业任务时可以寻得原因，一般从事单纯种养类和加工类的农民工作时间会比较集中，大部分处于农忙时节，主要根据农时的季节变化和农作物的生长状况安排工作和生活时间，从而导致他们的时间配置结构呈现明显的季节性变化。这样，在农忙时节，他们往往没有什么自由支配的时间，甚至连生理性生活时间（例如睡觉时间）也要压到最低限度，也就更谈不上学习安排了；而在农闲季节，他们的自由支配时间会大幅度增加，学习时间安排较为轻松，甚至可以参加线下农民培训进修课程，对在线学习依赖程度并不强烈。

而从事农业管理类和农用物资类的农民学习群体则又体现为不一样的学习时间特点，这两类农民不再单一承担繁重的生产劳动，而是把时间精力转移到种养、销售、管理等各个生产环节并进行把控，因此相较而言，工作时间季节性不强，他们的学习时间会较为零散，许多人难以有效地分配和监控自己的学习时间，工学矛盾比较突出，这就难以唤起整片有效时间来作用于当前学习，也就让其更为依赖于移动学习工具，寄希望于碎片化学习。

从事农业经营管理的韦先生就谈到："在学习清华大学的乡村振兴领头雁计划，晚上七点到八点半，提升自己的农业专业知识水平和开阔眼界特别是发展扩大自己的人脉圈子。这种不同于线下方式，在线学习以10分钟为主的微短视频对我们农业经营者更好一些。最好是晚上九点、十点钟，因为晚上七点其实还在干活。"

同样为合作社经营者的李女士也深有感触，讲起了她平时的学习习惯："平时我喜欢网上移动学习的方式。我们不可能在固定时间进行学习，最好的选择就是网上移动学习了。比如在线学习方式就比较灵活，可以直播当天学也可改天学，时间段在下午五点到晚上九点。以前用QQ远程，后面微信教程。感觉不错的，没压力。我十多年来都在网上学习。营销和管理最受欢迎。"

新型职业农民对于参与教育培训中学习需求的特殊性由其年龄、主要来源、职业发展阶段以及经营产业类型等农业生产特质所决定。[①]因此，职业农民的职业教育不同于普通教育，更多地需要从农村实践出发，根据学习者的原有知识水平、学习能力和学习习惯等提供差异化的培训内容，帮助农民打破时间、空间等外界因素造成的学习障碍，建立有效的学习支持体系，这样才能提供真正符合需求的学习资源。对于他们而言，在互联网和信息技术蓬勃发展的今天，利用直播课、在线视频课，甚至VR沉浸式体验课等在线教育资源获得良好的职业教育，不啻为一个利农的新选择。一方面，突破了时间和空间的限制，农民可以利用碎片化时间，在熟悉的场景里展开学习，规避了线下大班授课模式下耗费金钱精力，并且时间空间不自由的弊端；另一方面，促进了教育资源的共享化，过去先进的现代化农业知识和技术集中在几个主要的农业发达地区，多数农民根本无法接触，邀请相关领域专家来做讲座也颇费周折，耗资巨大。在线教育的出现，使得这一问题能够得到有效解决。农民只需学会相应的在线教育软件，就能拉近与专家的距离，同时可以接触到最新的技术与知识，真正享受到教育资源共享化的益处。[②]

---

① 陈春霞. 新型职业农民胜任素质模型构建及培育路径研究［D］. 华东师范大学，2019.

② 陈梦可. 在线教育——农民职业教育的新可能［J］. 现代化农业，2019（04）：58-59.

表4-6 农民在线学习动机的劳动分类差异

动机	种养类 (N=142)		农业管理类 (N=20)		农业信息服务类 (N=6)		农业加工类 (N=20)		农用物资类 (N=8)		其他 (N=12)		F	p	事后检验
	M	SD	M	SD	M	SD	M	SD	M	SD	M	SD			
（1）及时解决问题	4.11	0.722	4.15	0.671	4.00	0.894	3.75	0.716	4.25	0.707	4.33	0.651	0.947	0.471	
（2）碎片化学习	4.15	0.687	4.50	0.513	4.33	0.516	3.95	0.759	4.63	0.744	4.33	0.651	1.897	0.07	
（3）移动设备学习便捷快速	4.17	0.714	4.30	0.571	4.00	0.894	4.10	0.718	4.63	0.518	4.50	0.522	1.191	0.308	1<2, 1<6, 2>5, 4>5, 5<6
（4）功能丰富多样	4.08	0.705	4.15	0.587	3.67	0.816	3.90	0.718	4.13	0.641	4.33	0.492	1.224	0.289	
（5）获得农民身份认可	3.98	0.812	3.90	0.968	3.50	1.378	3.85	0.745	4.38	0.518	4.17	0.577	1.052	0.395	
（6）扩展社交圈	4.26	0.615	4.20	0.768	4.17	0.753	4.05	0.686	4.63	0.518	4.17	0.718	0.745	0.634	
（7）他人的示范带动	4.11	0.745	4.05	0.887	4.00	0.632	3.95	0.686	4.25	0.707	4.08	0.669	0.273	0.964	

本章小结

1. 农民在线学习抱有极强的目的性，强调即学即用，特别注重学用结合，为用而学，其所学知识内容的需求也呈现多样化、时效性、以问题解决为导向的特点。农民群体的生产任务繁重，工学矛盾比较突出，学习时间短、频率少、时间不固定；学习兴趣多样，不同经济发展背景下的农民对农业知识的兴趣也随之不同，此外还会受到农民个体收入水平、受教育程度等因素的影响。

2. 调查研究发现，以政府为主导的线下培育模式所呈现出来的效果与期望值还存在一定的差距。究其原因，一方面农民在培育的过程中没有形成准确的自我定位，往往认为自己是被动的受教育对象，而不是主动渴求知识的学习者；另一方面，虽然驱动农民学习的内外部动机很多，但同时也会存在阻碍其持续自我提升的主客观影响因素，对学习障碍的感知不仅会影响学习行为，而且可能会削弱动机，甚至放弃学习。

3. 农民在线学习过程中，由于其性别、年龄、学历、所从事的农业类型的不同，因此在其学习动机上也会存在差异性。除此之外，学习者个人层面因素如个体心理因素、学习预期收入与成本、培训效能感知、家人支持及社会认可程度等，培训平台层面因素如导师能力及知名度、培训内容等均会为对农民在线学习动机产生影响。

第五章

农民在线教育需求与供给

分析农民在线教育的需求与供给将从以下三个方面展开。一是分析在线教育理论和规律，在线教育实践离不开理论的指导，尤其在信息时代，互联网本身就是一把双刃剑，这要求教育工作实践者掌握在线教育的理论和规律。二是分析农民对在线教育的真实需求，农民对在线教育的需求是客观存在的，但是需要教育实践工作者深入了解并分析需求，只有真正了解农民的在线教育需求，才能为农民提供真正符合需求和教育规律的在线知识产品和平台。三是在了解需求的基础上，分析优化在线教育供给，这里的供给不只是简单地提供在线知识课程，还包括农民在线教育云平台以及云平台上的服务、互动、环境等等。

第一节　农民在线教育理论基础

一、在线教育教与学的理论模型

丁新提出并构建了"教学模式七维度分析框架"的远程教育教学模式，该分析框架分为上中下三层，上层包括学习理论指导、教学方法改革两个维度，中层包括教学评价、教学交互、资源应用三个维度，下层包括教学管理和学习支持服务与技术支撑、平台和资源环境两个维度[1]。这个三层次七维度分析框架结构清晰、层次分明，同时各维度之间又能相互联系、相互作用。在此基础上，谢幼如等又提出并构建了以MOOCs为代表的在线教育教与学的"六维度分析模型"，从理论基础、教学要素及其关系、教学方法、课程资源、教

---

① 丁新. 远程教育教学模式的比较与个案分析——"教学模式七维度分析框架"的构建与应用［J］. 开放教育研究，2009（5）：37-44.

学评价、支持服务等六个维度对在线教育的教与学进行分析①。上述分析框架对于分析农民在线教育以及构建农民教育云平台有一定指导意义。

二、建构主义学习理论

建构主义作为一种重要的学习哲学，可以追溯到18世纪的哲学家维柯，他指出，人们只能清晰地理解他们自己建构的一切。在维柯之后，很多学者对建构主义的发展作出贡献，包括美国教育家杜威、俄国心理学家维果斯基以及瑞士心理学家皮亚杰。杜威的经验型学习理论认为，真正的理解与事物怎样动作以及事情怎样做有关，理解在本质上是联系动作的。而维果斯基的教育思想则强调，个体的学习是在一定的历史、社会文化背景下进行的，社会可以对个体的学习发展起到重要的支持和促进作用。皮亚杰认为，个体的认知结构是通过"同化"和"顺应"而不断发展以适应新的环境的。现代建构主义是在行为主义心理学和认知心理学的理论基础上发展起来的，皮亚杰和维果斯基被认为是建构主义的直接先驱。下面从建构主义知识观、学习观和教学观三个方面来进一步阐述。

（一）建构主义知识观

知识只不过是人们对客观世界的一种解释、假设或假说，不是问题的最终答案，它必将随着人们认识程度的深入而不断地变革、升华和改写，出现新的解释和假设。知识并不能绝对准确无误地概括世界的法则，提供对任何活动或问题解决都实用的方法。在具体的问题解决中，知识是不可能一用就准，一用就灵的，而是需要针对具体问题的情景对原有知识进行再加工和再创造。知识不可能以实体的形式存在于个体之外，尽管通过语言赋予了知识一定的外在形式，并且获得了较为普遍的认同，但这并不意味着学习者对这种知识有同样的理解。真正的理解只能是由学习者自身基于自己的经验背景而建构起来的，

---

① 谢幼如，张惠颜等. 以MOOCs为代表的在线教育教与学模式的理论分析［J］，电化教育研究，2016，（3）：50–57.

取决于特定情况下的学习活动过程。否则，就不叫理解，而是叫死记硬背或生吞活剥，是被动的复制式的学习。

（二）建构主义的学习观

当代建构主义者主张，世界是客观存在的，但是对于世界的理解和赋予意义却是由每个人自己决定的。我们是以自己的经验为基础来建构现实，或者至少说是在解释现实，每个人的经验世界是用我们自己的头脑创建的，由于我们的经验以及对经验的信念不同，于是我们对外部世界的理解便也迥异。所以，学习不是由教师把知识简单地传递给学生，而是由学生自己建构知识的过程。学生不是简单被动地接收信息，而是主动地建构知识的意义，这种建构是无法由他人来代替的。建构主义学习观强调以学生为中心，强调学生对知识的主动探索、主动发现和对所学知识的意义建构，强调学习的社会互动性和情境性。

（三）建构主义教学观

建构主义教学观认为，教学不只是传递东西，而是创设一定环境和给予一定支持，促进学习者主动建构知识的意义。由于学习的建构过程中知识的动态性和相对性，教学不再是传递客观而确定的现成知识，而是激活学生原有的相关知识经验，促进知识经验的"生长"，促进学生的知识建构活动，以实现知识经验的重新组织、转换和改造。建构主义的教学原则包括：

第一，使教学目标与学生学习环境中的目标相一致，让学生感觉到教师确定的问题就是他们本人想要解决的问题；

第二，在课堂教学设计中使用真实的任务和日常实践活动作为课程内容或技能，设计能够反映学生在学习结束后就从事有效行动的复杂环境；

第三，设计支持和激发学生思维的学习环境，教师应该刺激学生的思维，激发他们自己解决问题；

第四，支持学生对所学内容与学习过程的反思，发展学生自我控制的技能，成为独立的学习者。

（四）建构主义学习理论对农民教育云平台建设的启示

建构主义学习理论强调以学生为中心，强调学生对知识的主动探索、主动发现和对所学知识的意义建构，强调学习的社会互动性和情境性。农民教育云平台就是一个农民对知识主动搜索与主动探究的建构平台，在云平台上教师确定主题、创设情境、发布任务、提供资源，学生理解主题，利用丰富的学习资源进行自主、协作学习，充分发挥主动性、创造性，重新认识和编码信息，重组认知结构，实现对当前知识的意义建构。

三、行为主义学习理论

（一）行为主义学习理论的内容

20世纪初，美国心理学家约翰·华生创立了行为主义学习理论，并得到格思里、赫尔、桑代克、斯金纳等学者的积极呼应。华生认为，人类的行为都是后天习得的，环境决定了一个人的行为模式，无论是正常的行为还是病态的行为都是经过学习而获得的，也可以通过学习而更改、增加或消除。他认为查明了环境刺激与行为反应之间的规律性关系，就能根据刺激预知反应，或根据反应推断刺激，达到预测并控制动物和人的行为的目的。斯金纳更是将行为主义学习理论推向了高峰，他提出了操作性条件作用原理，并对强化原理进行了系统的研究，使强化理论得到了完善的发展，他还根据操作性条件作用原理设计出教学机器和程序教学。斯金纳把学习的历程分为两种类型：应答型条件作用和操作型条件作用。桑代克较早地对动物及人类的学习、教学原理和学习迁移进行了深入的研究，被誉为"教育心理学之父"。桑代克的观点是：学习的本质是在刺激和反应之间形成联结；学习的过程是不断尝试错误以形成联结的过程；准备律、练习律和效果律为学习的主要规律。

（二）行为主义学习理论对农民教育云平台建设的启示

行为主义学习理论指导下开发的系统性教学设计模式包括了教学目标、学习者特征、教学资源和教学评价四个基本要素，依据这四个要素在设计农民在线教育教学的时候，需要注意以下环节：

第一，依据农民学习者的知识起点确定农民在线教育的学习目标；

第二，事先必须分析农民学习者的特征、学习习惯、需求等；

第三，根据需求确定配置什么样的教学资源以及提供什么样的学习支持服务；

第四，依据农民学习者在网上学习和反馈的情况，提出改进网上教学环节的建议，使学习者的学习能够持续、有效、平衡发展。

行为主义学习理论认为，只有将教学内容分解成一系列小的教学单元，在记忆强化的帮助下对教学单元的内容进行学习，才能使强化的频率被最大限度地提高，将出错带来的消极反应降到最低，即小步伐的程序教学。因此，对于农民在线教育需要契合农民学习的特征，开发短视频课程，将课程设计成许多小项目，并按一定的顺序加以排列，学习者可以自定步调，通过资源的呈现顺序和方式做出反应。行为主义的强化理论认为，学习者的行为是他们对环境刺激所做出的反应，所有行为都是通过后天学习获得的。在创造农民在线教育学习环境时，注意安排能够激发农民学习欲望的教学环节，增强学习动力，使农民的学习行为产生持续、稳定的变化，即在学习过程中突出学习是一定程度的刺激与一定程度的反应形成联结的过程。

四、联通主义学习理论

"互联网+教育"作为一种教育信息化2.0阶段涌现出来的新实践，正在变革着教育的组织体系和服务体系。2005年，乔治·西蒙斯在《联通主义：数字时代的学习理论》一文中系统提出了联通主义的思想，被认为是Web2.0、社会媒体等技术以及知识更新速度日益加剧背景下催生出的一个很重要的理论[①]。联通主义学习理论的核心代表除众所周知的乔治·西蒙斯外，还有他的

---

① Siemens，G.（2005a）.Connectivism:A learning theory for the digital age［J］. *International Journal of Instructional Technology and Distance Learning*，2（1）：3–10.

重要搭档斯蒂芬·唐斯。他们虽然同为联通主义学习理论的创始人，但是两人的立场和观点却存在一定差别。乔治·西蒙斯的联通主义学习理论主要扎根于社会建构主义学习理论，是一个相对保守且按照传统学习理论的范式进行思考和表征的学习理论。他将联通主义作为其他学习理论的补充。斯蒂芬·唐斯的观点起源于联通主义的知识哲学，扎根于人工智能的联结主义理论，对联通主义的论述主要源自人工智能和神经网络的观点，他是更加彻底的联通主义者，并将联通主义作为其他学习理论的替代。联通主义理论从一个崭新的角度诠释了开放、复杂、快速变化、信息量大爆炸时代中学习如何发生的问题，因契合这一时代的特征和其知识特性而备受国际社会的关注。

（一）联通主义知识观

知识存在于连接中，是一种联通化知识。乔治·西蒙斯在他的专著《知晓知识》中指出，知识有多种分类[1]。按变化速度，可以分为硬知识和软知识；按知晓程度，可以分为知道是什么、知道如何去做、知道如何达成、知道在哪里和知道怎么改变；按照存储空间，可以分为个体知识和社会知识。斯蒂芬·唐斯认为，知识是一种网络现象，不管是个体的还是社会的都具有网络特性。人的大脑本身就是一个网络，包括多实体、神经，且彼此连接。人脑中的知识出现在这些连接中[2]。

联通主义学习的知识观主张学习目标是基于创造的知识生长，即实现知识的流通。联通主义学习不仅强调建立与已有节点之间的连接，还强调在学习过程中创造新的节点，并与之建立连接，促进知识的生长。

（二）联通主义学习观

乔治·西蒙斯认为学习即网络的形成。知识的获得不是直接的转换过程，而是意义化的过程。学习不再是一个人的活动，学习是连接专门节点和信

---

① Siemens，G.*Knowing knowledge*［M］，lulu com. 2006，4-5.

② Dowmes，S.（2007a）.Learning networks in practice［J］.*Emerging Technologies for Learning*，（2）：19-27.

息源的过程。知识获取过程既包含了丰富的认知和情感参与，也包括了沟通中认知和情感的不断交织。同时，认知和情感又可以将其他节点整合到更大的网络中。学习就是形成三个基本网络——内部神经认知网络、概念网络和外部/社会网络间连接的过程。

（三）联通主义教学观

与传统的学习理论相比，联通主义学习理论的教学是一种开放式的教学，在教学中，教师的角色由课程的控制者变成了影响者或促进者，教师的作用不是控制课程和课堂，而是影响和塑造网络。教师就是这个网络中的重要节点，在整个网络中的作用是安排学习场景、鼓励学习者建立联系并在网络中找到自己相对稳定的立足点。斯蒂芬·唐斯曾指出："教学就是模仿和演示，学习就是实践和反思。学习是一个多面性过程，包括认知、社会和情感维度。知识也有多面性，包括陈述性、程序性和学术性维度。"[1]

（四）联通主义学习理论对农民教育云平台建设的启示

1. 农民个体与网络的简单联通

联通主义学习理论强调，管道比管道里的内容更重要。对于广大农民而言，掌握获取学习知识和信息的方式非常重要，这与农民学习的特点相吻合，希望打开手机就能直接找到问题的解决答案，他们没有时间和兴趣系统地学习农业知识。因此，建设农民教育云平台首先要考虑的是为农民打开通向知识的通道，这个通道要简单、易操作，让农民可以快速地找到问题的解决方案。

2. 农民社群的社会化联通

联通主义学习理论强调，学习就是网络的形成。农民教育云平台的建设本身就是一个网络，只不过这个网络增加了知识、课程、互动以及社群。农民学习注重实效、实战，不仅向专家学习，还要向同行学习。这些背景相同、需求相同的农民汇聚在一起，就成为一个知识学习、共享社区。因此，农民教育

---

[1] Downes，S.（2012）.Connectivism and connective knowedge:Essays on meaning and learning networks［DB/OL］.*National Research Council Canada.Retrieved on June 9.*

云平台在构建中需要考虑有利于农民相互沟通的网络学习社区的形成。

3. 职业农民群体的复杂问题联通

联通主义学习理论强调，知识存在于连接当中。在农民教育云平台的建设中，连接农民的目的是汇聚广泛分布于网络中的集体智慧，解决复杂问题并探索新知识。这种联通方式比较适合新型职业农民，与大部分普通农民相比，新型职业农民具有一定的专业基础，文化水平相对较高。新型职业农民在教育云平台上通过深层次的沟通和互动，相互帮助解决农业实践中的复杂问题，并创造新的知识，同时吸引新的参与者互动。

第二节　农民在线教育的市场需求

在分析农民在线教育的市场需求之前，先看看农民在线教育的市场规模，到底有多少目标群体、目标群体的购买意愿如何、目标群体的购买能力如何？

一、农民在线教育的市场规模

根据第三次全国农业普查的数据，截至2016年12月31日，全国乡村人口5.89亿，乡村从业人员3.68亿。全国农业经营户约2.07亿户，规模农业经营约398万户，农业生产经营单位约204万个。大多数农民专业合作社、农业企业的经营水平还较低，农民素质亟须提升。在农业经营人员中，教育程度偏低，大专学历以上的农业经营人员在2016年仅占1.2%，初中及以下学历的农业经营人员占到91.7%。因此，农民在线教育的市场空间很大。

随着我国城镇化进程的加快，我国现有农业劳动力的素质已不能适应社会快速发展。因此，新型职业农民群体的出现是社会发展的必然，也是促进我国现代农业发展、巩固我国农业基础地位的关键。早在2012年，农业部就发布通知，在全国范围内开展新型职业农民培训；2017年，农业部印发《"十三五"全国新型职业农民培育发展规划》，提出"到2020年，我国新型职业农民队伍要发展到2000万人以上"。新型职业农民有着针对性较强的科学技术和专业学习诉求，正是这一差异化，使得新型职业农民的培育呈现需求精准化、内容多样化、形式新颖化等特点。

但是，中国职业农民的数量并不多，2020年，全国职业农民的数量达到2000万，每年都将逐步增加。农民在线学习市场上，目前主要对象还是职业农民。《2016中国互联网学习白皮书》显示，近两年学习者人群开始变化，显著标志是整个互联网学习用户的年龄扩大化，核心人群由18～34岁向25～44岁迁移，该阶段学习者占比达83.82%。[①]

二、农民在线教育的目标群体

农民在线教育的目标群体大致分为四类：

一是新型职业农民，是农民在线教育的主要用户。这部分农民是会技术、懂经营、善管理的新型农民，他们的文化素质相对较高，求知欲强。目前在这部分新型职业农民中，拥有研究生、本科生学历的农村青年越来越多，部分大学毕业生回乡创业或者担任大学生村官，还有一部分新型职业农民是来自城市的返乡创业青年，他们在城市里积累了一定的资金，具有创新意识和创新能力，回乡承包土地，带领乡亲致富。

二是种养殖大户，也是农民在线教育的用户，但是，他们还需要培养学习习惯。由于这部分农民的整体文化素质较低，大的学习需求表现在遇到问题才会想到学习，而且，学习的针对性和目的性很强，就是为了解决问题而学

---

① 北京师范大学教育技术学院. 2016中国互联网学习白皮书［EB/OL］.［2017-02-03］.

习，或者说学习就是为了在网上搜索答案。

三是新生代农民工，他们工作、居住在城镇，目前虽然没有从事农业，但是，他们随时在关注农村、农业。在乡村振兴背景下，这些新生代农民工一旦在城市里找不到归属感，他们随时会回到农村，或者是在城里挣到钱，也想回到家乡创业。第一部分的新型职业农民，很多就是来自新生代农民工。目前，我国新生代农民（出生于1980年以后的农业户籍人口）中的网民比例为80.2%，拥有手机的比例为92.0%，居住在城镇的新生代农民网民人数显著高于在乡村的网民。网民和手机用户的平均受教育程度均显著高于非网民和非手机用户。在新生代农民中最为普及的网络活动是登录微信和QQ（使用率为88.7%），随后依次是下载、收看／听网络视频或音乐（86.3%）、浏览家乡新闻（80.9%）、玩游戏（84.3%）、浏览国内时事新闻（51.5%）等。新生代农民的手机使用主要以通信、娱乐和实用三大功能为主。综上所述，新生代农民的信息环境主要由网络和手机构成，这与他们对关系维护、情感归属、排解孤独以及维权等迫切需求密切相关。

四是普通农民，他们既不是新型职业农民，也不是种养殖大户，更不是新生代农民工，他们就是普普通通的传统农民，年龄偏大，文化素质偏低，思想比较保守。但是，这部分人群在农村的比例是最大的，受年轻人和时代的影响，他们也开始接触互联网，接触在线教育，是可以引导和培育的潜在用户，尽管人数较多，但目前还不是主要的用户。

三、农民在线教育消费意愿

（一）学习动机

新生代农民的网络使用以人际交往和休闲娱乐为主，手机使用以通信、娱乐和实用为主。他们最集中使用的网络服务是微信、QQ和百度，尤其是微信和QQ，在其网络生活中居于核心地位，主要满足其交友和维护人际关系的需求以及作为娱乐的入口，百度则用于搜索各类信息，解决工作和生活中的问题。因此，新生代农民的新媒体使用也有待多元化，尤其是在线教育模式的发展背景下。例如，对在线获取知识功能的利用，对培训资源的搜索，对求职信息资源的开拓（目前其求职渠道仍主要依赖于人际网络）等方面的利用率有待提高。

（二）学习需求

远程教育培训是基于计算机网络技术创新发展与普及应用下产生的重要教育培训形式。随着近年来我国互联网、移动智能终端的普及应用，农村网络基础设施建设日渐完善，使农村手机网民数量不断提升。根据《第52次中国互联网络发展状况统计报告》[①]显示，截至2023年6月，我国手机网民规模达10.76亿人，网民使用手机上网的比例为99.8%。我国农村在线教育用户规模达6787万人，普及率为22.5%，为农民在线学习提供了可能，在一定程度上满足了农民在线学习的需求，使更多的农民愿意自主参与到在线学习中去。在"互联网+"战略发展下，为迎合时代发展需求，促进现代化农业的优化发展，实现全面构建小康社会的目标，发展农民在线学习成为新型职业农民培育的必然要求。而为更好地发挥农民在线学习优势，明确当前农民在线学习动机需求、行为需求、形式需求，有针对性地开展农民在线学习工作至关重要。在理论分析与实践研究中发现，农民在线学习需求与农民年龄、经济水平等存在密切关联性。就农民在线学习的动机而言，26～35岁之间的农民侧重于提升自身知识、文化水平，并期望多赚钱获取更高的生活水平；在学习内容上，更多的农民期望通过在线学习掌握政府政策信息、农业种植技术信息、农业经营知识、农业市场变化情况，提升信息意识与信息技术应用能力，促进自身优化发展；在学习形式上，要求内容能够直接指导生产实践，学习氛围轻松，教学资源直观形象，能够激发兴趣的同时节约时间与成本。

（三）学习习惯

1. 学习观念保守

需求决定供给。随着对终身教育的重视、学习型社会的打造，不同层次

---

① 来源于中国互联网络信息中心。

的在线教育需求也在不断增加。在线教育市场中，由于对学业成绩的重视和职业发展的需要，语言类和K12市场较为成熟，市场占有率高。对于成人在线教育来说，成人学习具有较强的自主性、目的性，通过在线学习的方式来提升职业技能素养已然成为大多数人的选择。但是，能否真正转变观念，使其有足够的动力、能力来完成在线教育的课程，是在线学习者面临的较大考验。而对于职业农民来说，在线教育平台较少，且目前学习渠道单一，主要以线下培训为主，加上对新生事物的接受能力较差、学习观念的转变是一个长期的过程等，农民目前尚缺乏在线学习的观念和认知。

2. 学习习惯未养成

成人的在线教育具有很强的目的性。但是成年人由于具有其他社会身份，如公司职员、家庭成员，因此碎片化时间多，不具备进行大块时间学习的条件。在线教育契合了成人的学习习惯，现有在线学习平台也设计了短小、精悍的短视频课程，但总体上来说，成人投入在线学习时间偏少，参与性不足。

在线教育中，学习者需要比传统线下教育更具自律性才能完成课程学习。[1]农民借助互联网方式进行学习，容易被分散注意力。由于在线学习是利用电脑、平板或手机等设备，其中诱惑太多，一会停下来刷个朋友圈，一会有个朋友发起聊天，由此未能进行深度学习，对于知识的建构不牢固。相对于其他群体，由于职业农民从事的更多是体力劳动，其劳动属性会影响到学习的专注力和自我管控力。体力劳动会更多地消耗职业农民的精力，使其不愿意去进行脑力劳动而更多想观看娱乐性的短视频或与人聊天消遣，不愿离开自己的舒适区。因此，职业农民未能养成在线学习的习惯。

3. 农民之间互相学习

农民之间有共同语言，情况相似，要学的内容也看得见、摸得着，并且可以随时随地学习。他们常常相互学习，取长补短。不少农民喜欢向那些科技示范户、种养殖能手、"土专家"学习，这也是他们获取知识的一种重要方

---

① 乐静宜. 我国在线教育市场发展现状及未来趋势研究［J］. 课程教育研究，2019（26）：255–256.

式。农民群体中的成员学习能力差异大，其中，那些科技示范户、种养能手的辐射作用和感染作用极大，因此在培训学习过程中，培养科技示范户、技术骨干、职业农民，充分发挥他们的"二传手"作用就显得十分重要。

4. 重实用技术　轻创新理念

学习的直接性导致农民在学习过程中注重农业技术的培训学习，对创业精神、创业理念、市场营销等不感兴趣。他们只想尽快学习到农业技术知识，发家致富，其他知识对他们无关紧要。这造成收益小，加工、储藏、营销等环节难以得到发展。

（四）付费意愿

职业农民知识付费习惯尚未形成。通过查阅我国《2016年中国劳动统计年鉴》可知，2013年到2015年我国农村居民收入增长只有1992.1元，消费支出增长了1737.4元，具体到人均教育文化娱乐支出占比连续三年平均为10.3%。职业农民的知识付费习惯尚未养成，表现在不愿意花钱去学习。其原因如下：第一，对在线教育的质量和效果存在疑虑。第二，由于新型职业农民培训得到了国家政策的大力支持，现有的培训班都是免费的，职业农民已经习惯了不用付出金钱甚至还可以得到国家补贴的培训学习方式。第三，由于农业行业具有极大不确定性，钱赚得较不容易，因此，职业农民消费偏向于保守。

第三节　农民在线教育供给

一、农民在线教育供给存在的问题

农民在线教育供给是指为了满足农民在线学习的需求，由学校、在线教育企业等机构提供给农民受教育的机会及内容。农民在线教育的供给突破了传统农民培训在时间、空间上的限制。但是，目前的农民在线教育供给存在以下问题。

（一）服务模式与个性化学习需求之间不匹配

农民在线教育主要是依托互联网进行的，广泛采用资料上传、下载，视频播放，聊天对话等形式作为教学手段，与传统的教育方式相比较，教师缺乏与农民面对面的沟通交流，无法直接而全面地了解农民的学习状况，很难因材施教。在课程的设置方面，许多课程都是教师根据以往农民的平均水平，提前录制好并上传到网络上，农民无法根据自身能力选择难易程度不同的资源进行学习，这是与当前农民个性化学习需求相违背的。具体来说，现有的职业农民在线学习平台提供的服务模式存在如下问题：

1. 平台交互性不佳

学生获取教育信息资源的质量和数量的差异决定了学习效果的差异[①]。现有学习平台忽略了在线学习者多元文化背景和知识结构差异。海量的在线教育资源造成的"信息迷航"在一定程度上形成了学习障碍。同时，互动形式单一、社会临场感较弱，忽略了学习者的学习感觉，即互动、体验、沟通等方面的缺失和不畅，容易造成归属感不强、用户黏度不强的问题。

2. 教学设计的重构性差

目前很多在线教育学习资源提供方依旧在沿用"目标先行"的教学模式，将线下教育课程照搬，认为在线教育就是将线下课程教授过程拍摄放到网上，在进行学习课程设计时以教学目标、教学结果为导向，然后再进行教学过程的设计，并未改变"以教为中心"的传统教学方式。这种教学模式设计视角下的教育观念是"知识是固定的，教学是静态的"，这种固化的设计模式显然是与教学本质相悖的。教学应是充满生机的，学习更是充满创造性的。

在线教育需要考虑学习者实际的学习需求和习惯进行在线教育资源设计，即根据学习者的学习能力、原有知识结构、学习习惯的差异，相应调整课程设计

---

① 熊才平，何向阳，吴瑞华. 论信息技术对教育发展的革命性影响［J］. 教育研究，2012（6）：22-29.

结构、教学计划和教学方式，这要求教师投入更多的时间和精力进行转变。而已有研究显示，当前教师对移动技术或设备在自我学习和教学中的应用的偏好程度较低。①

3. 学习资源未涵盖生产中遇到的问题

由于职业农民实际生产会遇到各种各样的问题，而现有的学习平台提供的学习资源即使很丰富，但仍无法实现生产过程中发生问题的全覆盖。大数据收集需要一个过程，而这个过程需要耗费较长的时间，这样就会导致学习平台提供的课程并不符合农民的实际需求，造成了供需之间的矛盾。由于成人学习具有极强的目的性，如果在线教育平台未能及时解决生产过程中遇到的问题，就可能会降低平台对农民的吸引力和黏性。

（二）供给质量参差不齐

目前，在线教育供给质量与农民对在线教育的要求存在一定的差距，这种差距不仅体现在教育内容质量不高，而且参差不齐。造成这种现象的原因主要有两个方面：一是农民在线教育还处于起步阶段，师资水平、课程体系都不完善；二是对农民在线教育内容的监管缺失。在互联网时代，课程上传到互联网平台相对容易，但是，缺乏严格的审核程序和专业的机构，一些课程难免会有错误。另外，不同的在线教育机构由于缺乏沟通机制，也经常导致农民在线教育资源重复供给。

二、在线教育供给环境

传统农民学习的课程环境主要由学员、教师、文本以及其他授课需要的设施构成，这是一种现实的环境。而在线教育供给环境则是一种虚拟的课程环境。虚拟课程环境建设包括基础设施与虚拟学习平台建设，基础设施是基础，是课程环境中必需的物的要素，虚拟学习平台则是在基础设施上开发的学习平

---

① 马海英，刘乐文. 高校教师移动学习融入教学的准备研究［J］. 高教探索，2018（11）：105-111.

台。因此，改善在线教育供给环境需要从以下几个方面入手。

（一）完善乡村农民教育云课程体系的基础设施设备

因为在线教育实施过程在互联网云端展开，所以我们将在线教育的课程体系称之为云课程体系。就云课程体系的基本构成要素而言，"端"与"管"是最基础的设施设备，这里的"端"是在线教育接受的终端，"管"是在线教育传输的通道。首先，就终端设备而言，中青年农民基本上已普遍使用智能手机，甚至在条件较好的地方已开始使用电脑。然而，在边远贫困地区的乡村，因经济或其他条件原因未使用智能手机的农民仍然存在，或者即使使用智能手机，但是上网不方便的现象也大量存在。针对上述情况，为提升云课程的普及率，保障城镇化与新农村建设的成效，云课程要搭乘信息化乡村建设的政策之机，有序建设基础设施设备。在有条件使用智能手机的地方，采用多种方式逐步推动智能手机的普及率，同时针对老人不会或不愿使用智能手机的情况，逐步建设远程学习教室。有条件的地区可开发农村党员远程学习中心的功能，为农民职业教育云课程建设提供设施保障。其次，"管"是乡村农民云课程建设必需的另一基础设施，是农民云课程传输的渠道，本质上它指乡村的电子网络，其与终端设备共同构成云课程基础设施设备。在信息化乡村建设政策的推动下，无线网络已逐步普及，甚至有线网络也开始进入乡村，这为云课程实施提供了传输保障。然而，现实中仍存在乡村网络不通、不稳定、资费高等情况，甚至边远贫困地区根本没有通信网络。因此，乡村网络建设需以信息化乡村建设政策为契机，完善网络建设，同时降低或免除网络学习的费用，保证乡村有网络、农民能用且用得起网络。

（二）建设农民教育虚拟学习平台

农民教育云课程弥补了传统课程实施方式难以把农民集中起来学习的缺陷。由于我国农民普遍文化水平较低，独立学习能力较弱，而云课程又是以自学为主的课程，如果没有教师或同辈群体的帮助，完全依靠自己独立学习难以保证实施效果。鉴于此，农民职业教育云课程的实施需要建立虚拟学习社区，如QQ群、微信群以及其他专门的学习交流社区等。虚拟学习型社区的建立将会成为未来农民职业教育云课程实施的主要辅助平台。通过虚拟学习社区，学习者可以在线向专家咨询相关的知识、技术与学习方法，可以与其他社区学员共同分享学习经验，社区内的学员之间可依托学习型社区交流与分享课程内容以外的其他经验，探讨其他感兴趣的问题，这有助于推动云课程效率的提升。当前，我国农民职业教育云课程仍处于初步探索阶段，相匹配的学习型社区同样处于初建阶段。随着云技术及相应的设施设备在乡村的普及以及农民学习意识与能力的提升，虚拟学习型社区的建立越来越必要，其将成为未来农民职业教育云课程学习的主要平台，为云课程效率的提升起到保驾护航的作用。

（三）优化学习平台的云端交互环境

云端交互环境主要是学习者与知识供给者之间的交互氛围及设计。需要考虑以下几个方面：

1. 需求导向

需求导向使学习者自主性得到充分展现。界面设计、不同模块的跳转、组件之间的闭合性，都是从学习者需求出发，践行用户为中心的设计理念，具备交互性的平台环境能够充分调动学习者的积极性。通过组件来分析职业农民学习平台的交互性，从操作控制、教学支持、个性化和社会化等方面进行多元化分析，充分体现了平台开发者以学习者为中心的思想。为了增加用户黏度，除了用优质视频课程吸引学习者，有的平台设计了需求发布模块，也实现了更好的交互。职业农民学习平台建设的理念应该是"以用户为中心"，致力于建设基于用户学习行为的数据提供服务，推送精准化的知识内容。

2. 灵活直观

为了保证用户的在线学习效果，在线教育平台不仅需要实现学习、测验一体化，还需要确保在线视频课程生动有趣，同时能够直观地展示知识，便于用户消化吸收。为了达到更好的用户体验，现在很多职业农民学习平台设计了联系专家或咨询客服的路径，从而使得平台的功能具有多样性特点，也就是说，职业农民学习平台不单单是线上农技知识学习平台，同样也是沟通交流、问题解决的一站式服务平台。

3. 扁平化设计

根据职业农民的在线学习习惯和学习特点，从有利于增强交互性的角度出发，设计在线教育平台时需要考虑扁平化、通畅性，同时，还要考虑易操作的需求，通畅的、扁平化的交互设计有利于提高用户在移动学习端的学习效率。具体来说，体现在各个组件的结构层级具备良好的适当性、闭合性，即用最少的步骤、最短的路径完成任务，从而真正达到教学过程与平台的完美融合。用户留存度是考验一个移动学习平台优劣的关键评价指标，灵活高效的交互环境将会增加用户黏度。

4. 社群支持

相对于传统的远程教学平台，现有的移动学习平台更加注重社群支持，在移动学习平台上除了为学习者创造知识、分享知识的学习新形态，还增加了交互性中对学习过程的支持。例如：通过学习者点赞、收藏、分享、评论等组件的设置，学习者可以在平台上进行种植、养殖经验的发布分享。这种社群交互式学习增加了更多学习者之间的交互，塑造了良好的学习氛围，满足了学习者知识传播、意见表达等社会交往需求，同时丰富了平台的内容，最终实现一种沉浸式的学习。当然，这种社群支持的学习模式需要正确引导和控制，避免学习者疲于应对各种社交信息而偏离学习的目的，甚至发表不正当言论。

5. 路径闭环

在线学习云端交互环境中，"路径闭环"是云端学习一个重要的条件。所谓路径闭环就是学习者进入到一个学习环境中能够轻松地切换学习场景，随时能够回到曾经学习过的地方以及到达这个环境中任何想去的地方。基于路径闭环的在线学习云端交互环境就是要做到用户的需求得到满足的同时，又产生新的需求，得到新的满足，循环往复。

在线学习对学习者的自我管理能力要求较高，为了提升学习效果，需要在线学习平台设计多种形式的支持化服务功能。例如：学习者通过搜索找到自己想要的课程，观看学习，完成了学习的任务，而且给予了评价，这个过程不仅被记录到平台上的相应模块"我的中心",而且这个过程并没有结束,又将是下一个学习循环的开始。

三、在线教育供给内容

(一)农民在线教育课程的特点

成人教育家梅里安认为,成人不仅是自愿学习者,他们所学的课程或技术也主要是由自己选择的,要根据成人学习者各自的需求与爱好来调整教学计划和教学实践[①]。农民职业教育是成人教育范畴,具有与儿童教育不同的学习需求与特点,农民在线教育课程的供给与农民学习特点存在必然的逻辑关系。农民在线教育课程的主体基础主要表现为在线课程自身的特点能满足广大农民职业学习的基本需求。一是在线课程能从数量上满足广大农民学习的需求。农民居于乡村,难以集中开展教育活动,在线课程灵活、便利的特点能在不把农民集中起来的情况下开展教育活动,扩大农民的受教育面,让更多的乡村农民获得学习的机会。二是在线课程符合农民学习的真实特点。农民以散居为主,加上生产与工作性质、学习水平等方面的差异,使得农民在线教育需关注农民学习的个性化特点与需求。在线课程能满足农民碎片化学习的需求,而且不会干扰其日常生产与生活。

(二)课程运行资源库

在线课程运行资源库也可以称为"课程云",是课程文本的表现形式,也是"云"课程之所以称为"云"的根本所在,因此,课程运行资源库是云课程建设中必不可少的条件。在建设农民教育课程云的时候需要充分考虑以下因素:农民的学习需求多样化,普遍文化水平偏低,自主学习能力较差,以碎片化学习为主。

1. 课程资源库的容量

面对农民教育需求的多元化特征,课程库的供给需要大容量。农民在线

---

① [美]达肯沃尔德·梅里安. 成人教育:实践的基础[M]. 刘宪之,蔺延梓,刘海鹏译. 北京:教育科学出版社,1986:155.

教育云课程的建设要全面、细致，知识的覆盖面尽量触及到所有农业生产过程，这样的云课程才能满足农民多样化的学习需求，云技术的大容量特点才具有彰显价值的机会。只有最大限度满足农民职业学习需求的课程才能调动农民学习的积极性，成为农民真正的生产"导师"，也有助于农民养成自觉学习的习惯。

2. 课程资源库的难易度

面向农民的"云"课程需要考虑到农民的知识水平和用户习惯。农民的整体文化水平偏低，而且学习能力不强，这也是农民学习动力不足、学习效率不高的重要原因。所以，在建设课程资源库的时候，云课程应在保留内容要点的基础上尽可能降低课程学习的难度，用农民最容易采用且能学懂的方式开发与设计课程，简单地说，就是把复杂问题简单化，把困难问题容易化，把操作方式简洁化。这样既可以提升学习效率，也有助于提升农民学习的积极性与动力。

3. 课程资源库的设计

在设计课程资源库的时候，还需要考虑到农民学习内容的实战性，不同于在校学生，农民的学习需求很明确，往往是遇到问题后才去课程中寻找答案或解决问题的方法，很少会主动学习系统性的知识和技能。同时，农民的学习时间又不固定，偏向于采用即学即用的碎片化学习方式。学习方式的碎片化在时间上表现为学习的持续时间较短、间隔较长，在知识内容上表现为知识与技能的微小化。基于农民学习不系统、学习碎片化的特征，农民教育云课程的设计要把学习内容分解压缩为微单元，在不影响知识要点的情况下尽可能缩短微单元的学习时间，减少各微单元之间的连续性。可以根据知识点或者问题来设计课程，每一个知识点或问题就是一组短视频课程，每组短视频课程可以是3到10个，每个短视频的时间为3—5分钟。这样农民可以在生产生活过程中及时获取其想要的知识与技能，而不至于影响正常的生产生活。

4. 课程资源库的互动

由于云课程的实施是在虚拟空间中进行的，而且农民具有自主选择课程内容的权利，因此，云课程实施中的在线互动就显得非常重要。与传统纸质课程或单向电子传输课程相比，云课程具有互动性与自主选择性。但是，云课程的互动性又没有线下课堂的面对面互动效果好。可以借助互联网的特性，发挥在线互动不受时间和空间限制的优势。云课程系统中，学习者可以随时随地对课程进行点赞、评价和收藏等，也可以随时随地留言或者对课程中不懂的问题进行提问。云课程组织者也可以随时在线解答学习者提出的问题。

四、在线教育供给途径

农民在线教育的供给主体到底是谁？通过哪些路径来供给？有哪些供给的方式？这些问题是当前农民在线教育现实中遇到的困难，也是在线教育研究需要关注的焦点。

（一）农民在线教育供给的主体

农民在线教育不同于中小学生的在线教育，市场化程度不高。中小学生的在线教育是刚性需求，而农民在线教育的需求是潜在的，需要挖掘与引导。表面上农民在线教育需求旺盛，实际农民的购买力和购买欲望都不强。因此，这是一个处于特殊时期的特殊市场，前期需要政府来"埋单"，动用财政资金向农民在线教育市场"输血"。虽然目前有许多农民在线教育培训学校、职业培训机构甚至企业在从事农民在线教育，但是现阶段供给主体还应该是政府。农民在线教育走向市场化还需要很长一段时间，政府在加大供给力度的同时，也应鼓励社会力量开办农民在线教育机构，支持互联网企业与在线教育机构充分挖掘新兴教育需求，满足农民多样化教育需求。当前农民在线教育的供给是"一主多元"，即政府供给为主，学校、企业、在线教育培训机构等多方参与，尤其是涉农的高等农业院校、中等职业院校、转型升级的传统网校、具有互联网背景和思维的农业企业、农民培训机构。

（二）农民在线教育供给的途径

在线教育的供给离不开互联网这个管道，但是这个管道有多种形式和实现路径，常见的农民在线教育供给途径主要有：移动设备端、智能电视端、电脑端、虚拟现实设备端（Virtual Reality，简称VR）。目前，移动设备端仍然是农民在线教育供给的主要路径。

1. 移动设备端

移动设备端的主要设备为智能手机和IPAD，手机和IPAD上进行在线教育的软件（或者说媒介）包括APP、小程序、视频号、微信公众号、微博、QQ等。当前APP仍然是移动设备上的主要软件，其次，视频号目前也越来越受到追捧。但是随着信息技术的不断发展，未来新的软件将不断涌现。

2. 智能电视端

传统的电视无法承担在线教育的供给，但是，未来智能电视将顺应电视机"高清化""网络化""智能化"的趋势。数字电视、智能电视是未来发展的方向，也将成为农民在线教育的供给路径。尽管目前广大农村的互联网基础设施设备还不完善，但是，智能电视的发展势不可挡。随着科学技术的不断发展，电信网、广播电视网、互联网在向宽带通信网、数字电视网、下一代互联网演进过程中，三大网络通过技术改造，其技术功能趋于一致，业务范围趋于相同，网络互联互通、资源共享，能为用户提供语音、数据和广播电视等多种服务。目前，国家大力推动"三网融合"产业发展，将改变有线数字电视的单一服务模式，内容格式的多样性、服务种类的多样性、接入方式的多样性将成为三网融合环境下的数字电视新特点。

3. 电脑端

尽管在线教育的主要供给路径在移动设备端，但是对广大农民来讲，目前，电脑端的在线教育仍然是一个非常必要的学习渠道。因为农村的移动通信设施设备相对落后，移动信号较弱，同时，农民使用智能手机的习惯也未能建立起来。所以，组织农民集中起来利用电脑端进行学习培训，是当前部分农民的学习渠道之一。

4. VR设备端

虚拟现实也称灵境技术或人工环境。虚拟现实是利用电脑模拟技术产生一个三维空间的虚拟世界，提供使用者关于视觉、听觉、触觉等感官的模拟。

应用到在线教育可以让学习者如同身临其境一般，可以及时、没有限制地观察三维空间内的事物。有关农业的教育实践性很强，比较适合虚拟现实技术，尤其是现代高科技农业，例如智慧养殖系统，通过VR技术可以非常形象化地展现养殖的过程及细节。

本章小结

1. 在线教育实践离不开理论的指导，因此，在面对农民在线教育的供给和需求时，需要对农民在线教育理论进行剖析。农民在线教育理论基础包括了在线教育教与学的理论模型、建构主义学习理论、行为主义学习理论和联通主义学习理论等。

2. 丁新提出并构建"教学模式七维度分析框架"的远程教育教学模式，谢幼如等又提出并构建以MOOCs为代表的在线教育教与学的"六维度分析模型"，对分析农民在线教育以及构建农民教育云平台有一定指导意义。

3. 建构主义学习理论包括了建构主义的知识观、学习观和教学观。主要观点包括了：学生不是简单被动地接收信息，而是主动地建构知识的意义，强调以学生为中心，强调学生对知识的主动探索、主动发现和对所学知识的意义建构，强调学习的社会互动性和情境性；真正的理解只能是由学习者基于自身的经验背景而建构起来的，取决于特定情况下的学习活动过程；教学不只是传递东西，而是创设一定环境和给予一定支持，促进学习者主动建构知识的意义。农民教育云就是一个农民对知识主动搜索与主动探究的结构，教师在云平台上确定主题、创设情境、发布任务、提供资源，学生理解主题，利用丰富的学习资源进行自主、协作学习，充分发挥主动性、创造性，重新认识和编码信息，重组认知结构，实现对当前知识的意义建构。

4. 行为主义学习理论的代表学者有约翰·华生、桑代克、斯金纳等。行为主义学习理论指导下开发的系统性教学设计模式包括了教学目标、学习者特征、教学资源和教学评价四个基本要素，对于农民在线教学具有参考意义。行为主义的强化理论认为学习者的行为是他们对环境刺激所作出的反应，所有行为都是通过后天学习获得的。在创造农民在线教育学习环境时，注意安排能够激发农民学习欲望的教学环节，增强学习动力，使农民的学习行为产生持续、稳定的变化。

5. 联通主义学习理论包括了联通主义知识观、学习观和教学观。联通主义学习理论的核心代表有乔治·西蒙斯和斯蒂芬·唐斯。联通主义主张学习目标是基于创造的知识生长，即实现知识的流通。联通主义学习不仅强调建立与已有节点之间的连接，还强调在学习过程中创造新的节点，并与之建立连接，促进知识的生长。联通主义学习理论对农民教育云的启示包括了农民个体与网络联通要求简单、直接；农民社群要社会化联通，即考虑有利于农民相互沟通的网络学习社区的形成；职业农民群体的复杂问题联通，即云平台上通过深层次的沟通和互动，相互帮助解决农业实践中的复杂问题，并创造新的知识。

6. 农民在线教育供给存在如下问题：服务模式与个性化学习需求之间不匹配，如平台交互性不佳、教学设计的重构性差、学习资源未涵盖生产中遇到的问题；供给质量参差不齐等。因此，要加强农村信息资源的供给，开展农村新媒体科技传播平台建设，目前以技术较为成熟的互联网、移动通信网络为主要平台，同时结合科普资源的开发。优化云课程环境供给，包括完善乡村农民教育云课程体系的基础设施设备、建设农民职业教育虚拟学习平台、优化云端交互环境；加强云课程体系建设；加强课程运行资源库建设；加强云课程互动与反馈。

第六章

农民在线课程体系开发

第一节　在线课程设计

一、设计理念

（一）在线课程设计理论基础

职业农民在线课程设计的理论基础涉及了教育学、社会学、管理学、心理学等学科领域，不能用单一的理论来作为设计理论基础。涉及职业农民在线课程设计的理论有社会学习理论、建构主义理论、联通主义理论等。

1. 社会学习理论与在线课程设计

1977年，班杜拉（Bandura）提出了社会学习理论，其中，三方互惠论是最为显著的观点之一，这一观点认为学习者的认知加工和自我调节对学习起到重要作用，强调在社会学习过程中行为、认知和环境三者之间的交互作用。班杜拉的另一观点交互决定论，是其在社会学习论中研究得出的关于人类行为影响因素的结论。交互决定论认为，学生学习受到影响的因素有两类：先行因素和结果因素。先行因素是诸如环境的刺激、行为预期和社会政策影响；结果因素是学生制定自我标准、自我奖惩控制和榜样示范影响。社会学习论强调环境与人的交互影响，还包括其他人对学习者个体造成的影响。[①]

职业农民在线课程设计开发时要注意协调环境、个人认知和行为三者的关系。通过打造技术丰富的学习环境，进而打造数字化学习生态。进行在线课程设计开发时，首先要创建有利于职业农民在线学习的环境，包括课程资源、协作交互、评价机制等。其次，要关注学习者个人。通过多样化的学习活动树立职业农民学习的信心，提升职业农民学习能力。此外，要对职业农民的学习行为进行引导。在线学习环境的打造除了在线课程学习氛围的打造外，还包括了教师、学习伙伴对学习者的模范影响。职业农民学习策略之一就是向有经验

---

① 邓颖玲. 注重英语专业的人文性——国家级教学团队"读议写"模块课程建设例析［J］. 外语教学与研究，2013，45（3）：436—441.

的同行请教。如果脱离自己实际情况，一味进行模仿学习的话，容易造成错误认知。因此，在线课程在设计时要正确发挥同伴学习者的榜样作用，在教学过程中对学习者的讨论进行筛选分类，及时关注并适时纠错。树立榜样的力量，促进职业农民能力的提升。

社会学习理论认同外界环境对个体的影响，且会更加侧重于外界环境对个体影响后个体行为的"内化"。这种内化是由学习过程自我体会观察、课后自我评价和反省这三个部分组成，是对学生自我调节作用、自我效能感的肯定。情境创造将有利于自我效能的提升，这点对于在线课程设计具有重要指导作用。在线学习本质上是自我学习的过程。班杜拉对自我效能的影响因素研究表明，学习者在自我学习时能够进行自我反省、总结，找到适合自己的学习方式。例如，职业农民会在在线学习平台讨论区域等知识社群进行问题询问、解答。职业农民不断地进行自我总结和对他人经验进行借鉴、参考。因此，在进行在线课程设计开发时，我们需要创造出合适的学习环境，学习者会受到环境的影响，从而更加有助于自我效能感的提升。

2. 建构主义理论与在线课程设计

20世纪80年代末，"建构主义思潮涌入和学习科学的诞生催生了新的教学设计研究范式"[①]。建构主义理论认为学习者不应该是被动获得新知识，而应该是根据以往学习经验和知识进行主动建构的。[②]知识建构主义理论主张教学应该是以学习者为中心，为学习者提供良好的学习环境和学习支持。建构主义理论认为教学方法应该在课程设计开发时，对学习任务的设计考虑问题的探究、解决、协作和知识的联合构建，强调学习对学习者的意义。也就是说，在课程设计时，不能一味地以教学结果为导向，强调知识的传递与掌握，而是要关注学习者对于知识内容的理解，结合其自身情况进行知识建构。

在线课程的设计开发是一项技术丰富的学习环境开发的任务。良好的在线学习环境的打造，需要从学习资源、认知工具、交互、社会境脉支持等方面

---

① 李妍. 乔纳森建构主义学习环境设计研究［D］. 上海：华东师范大学，2007.

② 陈旭，王淑敏. 从建构主义理论看教学评价策略的建构［J］. 课程·教材·教法，2003（6）：26-30.

进行设计。在线课程设计开发的首要就是要对学习资源信息进行良好的组织，精心规划大纲和教学活动设计，其次是简洁美观的课程界面的设计、清晰的导航、强大的搜索和推荐功能。同时，建构主义强调教学设计时可运用"支架策略"，即在学习者自主学习过程中遇到困难时提供必要的"脚手架"。

一个优秀的在线课程，要关注学习者通过知识的自主学习完成自身意义的建构，需要考察学习者的认知投入。现有学习平台为了激发学习者学习动机，下了不少功夫，如推行积分制、虚拟货币等。但这些激励大多数只能激发学习者的外部动机，而内部动机对于学习的自主性和深度具有重要影响。基于建构主义理论，职业农民在线课程设计开发时，可以从以下几个方面进行考虑。一是基于问题的学习。解决生产中遇到的困难是职业农民学习最直接的动力。将知识点讲解贯穿于教学活动开展的过程，支持职业农民在其中的探索、交流，一方面能够帮助职业农民体会到知识的效益，另一方面也能够加深对知识的理解，提高在线学习的效果。二是交互学习。若学生在学习计算机呈现信息的过程中感觉到自己正参与着某种社会交往时，学习会更投入。①对话式教学不仅适用于师生之间，也要创造条件促进生生间的交互。三是对学习障碍的关注。通过"脚手架"的搭建，及时为职业农民解决问题，能够增加其学习的投入度。

3. 联通主义理论与在线课程设计

传统的课程观认为，在线课程是知识传播的工具和载体。联通主义理论认为，在线课程的新形态实际上是知识生产网络，学习者的角色除了是知识学习方，同时也是知识创造方，在线学习的课程系统通过各种各样的节点来促进学习者提高知识生产率。可以说，联通主义的在线课程观为我们展示了当今互联网+背景下在线课程的新使命，所以，基于联通主义的教学设计，强调在课程设计时要考虑探究、协作和知识的联合构建。信息技术的发展为课程设计者提供了更多更具创意性的想法和更加高效的技术类工具，同时使课程创造和传

---

① MAYER R E, FENNELL S, FARMER L, et al. A personalization effect in multimedia learning: students learn better when words are in conversational style rather than formal style [J]. *Journal of educational psychology*, 2004（2）：389–395.

播的周期缩短、成本降低。

联通主义理论下的课程设计并不对学习者必须学习的内容做规定，平台应该给予学习者充分选择的权利和内容，提供合适的自主选择工具和重点，并将在线学习者之间的联结作为最重要的任务。克拉克·奎因（Clark Quinn）认为，联通主义的课程具有更强的社会交互性，虽然课程始于教师提供的学习内容，但是其在学习者之间的连接和相互贡献中得到不断发展。[①]不同于建构主义强调个体具备主观性，其对于知识有重要构建，联通主义理论更强调群体智慧汇聚、节点联结的知识构建。在学习环境方面，联通主义认为在线学习环境是多种因素的联合，课程体系是具有系统性的，这大大区别了传统学习体系线性化的特点，对于在线课程设计具有重要的指导作用。对于新型职业农民在线课程的设计，需要发挥社会联通、经验反思、信息汇聚、协作创新等教学活动的作用，有实战经验的种养殖大户也可以成为授课老师，这是对传统的以教师知识传授的权威性和教育边界的改变和突破。

（二）在线课程设计理念

1. 实用性

美国学者Johnstone等认为，成人学习重视所学知识的实用性、应用性而非理论性、学术性。成人学习具有明确而实际的动机，涵盖了自我提升、前途、娱乐、改善生活等。[②]

职业农民的学习需求需要在线课程设计者从真实情境、生活场景和实践场景出发，课程体系的搭建以实用性为主，基于农民最关注的问题来进行课程开发。展现多样化学习资源，供职业农民自由选择。

2. 艺术性

在线课程设计应综合考虑多种媒体的特点、优势，根据职业农民的学习特征，选择一种或多种媒体方式来对教学资源进行呈现。由于职业农民学历、

---

① Quinn C. MOOC Reflections ［EB/OL］.［2019-01-27］.p. 2562.

② JWC Johnstone，RJ Rivera. *Volunteers for Learning*［M］. Chicago:Aldine Publishing，1965：46.

知识有限，课程界面应简洁、美观，避免过于繁琐与花哨。多样化的多媒体方式中，视频的展现方式更加直观，能够更好吸引职业农民注意力。视频课程需注重多镜头、多场景的运用，避免只出现单一授课教师而引起的视觉疲劳。丰富的场景化一方面可以丰富课程的层次性，使学习过程避免单一性从而更具趣味性，另一方面也可以使知识呈现更全面、更具体。

3. 多元角色原则

应注意教师在课程中的多元角色。第一，教师应是学习的引导者。教师应在设计前分析好系列课程需要完成的教学总目标，并分步骤对学习者进行引导。第二，教师应是在线学习的协作者。需要在学习者遇到困难时，利用合适的教学工具进行答疑解惑，提供帮助。第三，教师也是在线学习的监督者。由于职业农民年龄、知识结构、理解能力水平的差异，教师在进行课程设计时需要将其学习特点考虑在内，做好在线学习的监督者。可以说，在设计在线课程时，教师要提供"知识生产脚手架"①，即除了要帮学习者确定学习内容外，还要创造交互条件、提供必要的帮助，同时，在职业农民完成知识掌握、知识生产后，在必要的时候撤掉"脚手架"，完成其自身意义的构建。

二、设计方法

（一）学习者特征分析

学习者特征分析是在线课程设计的出发点和关键。只有正确把握了学习者特征，才能够设计开发出符合其需求的优质课程。学习者特征分析应从学习者的原有水平、学习者的学习风格、学习者的学习动机、学习者的学习习惯等方面分析。

职业农民的学习动机具有差异性和动态性，动机包括了掌握技能、获得现实的利益等。学习有较强的目的性，当学习能够带来新技术的学习、发现潜

① 逯行，陈丽. 知识生产与进化："互联网+"时代在线课程形态表征与演化研究 [J]. 中国远程教育，2019（09）：1-9+92.

在创业信息、带来收入的增加时，将会促使职业农民更加主动进行学习。[①]由于职业农民对在线学习平台应用缺乏全面了解，在线学习经验不足，较难在短暂的时间内掌握在线学习的方法，信息素养、技术掌握障碍将会影响职业农民的在线学习。总的来说，职业农民学习障碍主要有学习基础差、时间缺乏、学习上遇到困难不知找谁、兴趣和动力缺乏等。职业农民在线学习习惯尚未真正养成。学习途径一般以政府组织的线下培训为主，在遇到困难时习惯寻求有经验的同行的帮助，平时使用手机、电脑时也是更多地在观看视频、用社交软件进行聊天等休闲娱乐活动，真正学习时间较少。

在对职业农民在线学习特征进行充分分析后可知，职业农民有较明确、现实的学习需求和目标，但是由于自身和在线学习平台的因素影响着职业农民在线学习的动机，需要一定激励手段，所以可综合采用情感策略、评价策略、刺激策略和强化策略等策略来激发其在线学习内外部动机、克服学习障碍。

（二）教学活动设计

教学活动设计时，可以通过知识图谱确定学习者学习轨迹，分析学习轨迹、确定知识难点进行活动设计。教学活动设计应根据先易后难、循序渐进的原则，学习活动可以包含着多个学习任务，同样，也可以将一个复杂的学习任务分解为数个学习活动来进行。不同于线下教学，在线学习活动的设计要借助信息技术手段来创造丰富的场景，从而增强学习者的临场感。临场感的增加可以更有助于吸引学习者的注意力，减少在线学习的孤独感，提高在线学习效果。

（三）教学评价设计

教学评价在在线教育中具有反馈调节、激励、学习导向的功能。教学评价可分为自评和他评，其中，他评包括了同伴互评和教师评价，教学评价可以反馈学习过程中遇到的问题。在职业农民在线课程设计时，应考虑自评和他评

---

① 张明哲. 新型职业农民培育意愿研究——基于学习成本视角［J］. 河北大学成人教育学院学报，2019，21（03）：59-66.

相结合的方式。自评有助于学习者进行自我审视，了解自己的学习期待与学习结果的差距，是个反思、知识内化和自我提升的过程，方便自己对学习进程进行调整和控制。互评以一个第三方视角对同伴学习情况进行审查，在纠正他人错误的同时也是一个自我审视、自我提醒的过程。教师评价一方面有助于教师对学习者学习情况的判断，从而调整和优化教学策略，这个过程可以借助在线课程平台数据的采集和分析得出，数据包括了学习时长、学习进度、反复观看的部分、交流讨论等。另一方面有助于加强学习者与他人的互动，建立社会联系，增强其平台使用黏度。

第二节　在线课程开发

一、在线课程开发原则

（一）一体化原则

在线课程开发时，需要思考：学习的本质是什么？何种方式的学习才是有意义的？什么样的学习方式才能最大限度激发学习者积极性？在线课程不是知识点的堆积、传输，这样的理念背后的教学逻辑是灌输式、填鸭式的，不能解决职业农民需求和课程供给的矛盾。不同于传统的课程开发，在线课程具有知识传递、知识创造、社群关系网络等功能。在线课程的建设不仅仅包含教学视频、教学课件等教学资源，还包括了教学过程管理、在线学习测试与考核、教学评价、教学资源更新等在线课程管理和运营工作。在线课程开发涉及的核心要素有课程、教师团队、平台等。

在对职业农民学习动机进行调查时发现，其学习动机是多元的。大多数职业农民表示，不只是希望通过在线教育的方式得到知识的学习、技术的掌握，还希望通过在线教育平台能够得到专家的指导、增加同行间的交流。因此，课程开发时应注意一体化原则，即需要将职业农民的需求考虑在内，在教学活动设计、平台支持服务时提供系统化的解决方案，并有后续跟进服务来保证学习效果。一体化原则体现在对在线学习支持系统的构建，包括课前、课中和课后三个阶段，涵盖课程内容选择、学习时间管理、学习动机激励、协作学习设计、交互活动设计、学习效果测评和后续跟踪服务等。

（二）主体性原则

职业农民在线课程开发需要坚持主体性原则，以学生即新型职业农民为主，主体性原则体现在需求导向。职业农民的在线学习具有以下特殊性：原有理论知识储备较差、实际经验丰富、要求知识应用及时。在线课程开发需要基于新型职业农民的心理认知基础和学习规律：职业农民在生产过程中积累了大量的实操经验，可以说，他们对于实践性操作知识比其他类型知识如理论知识更信赖，他们认为知识存在于实践当中，实践知识的传递即为知识的传播，依赖于人与人之间的口口相传。对于新的技术和方法或是基础理论知识，其内心的接受度不一定高，即使囿于专家的权威性会尝试去听从、实践，但其真实内心可能是抵触的。故而，在课程开发时，一方面，既要考虑课程设计的科学性，另一方面又要充分考虑职业农民在在线课程开发过程中的主体性，根据其需求提供实用类的课程。另外，开发的课程又要满足学习者应用即时性的特点。如果在课程学习过程中，能够及时将学到的知识应用到生产过程中，会增加职业农民对平台的信任度，用户黏性将会增加。如果开发的课程不是他们想要的，就容易发生"弃课"的现象，从而使平台失去用户。

（三）学习资源系统化原则

在进行课程设计时，需要讲求学习资源系统化原则。根据知识的逻辑性，将学习资源分解成若干模块，一方面方便职业农民准确寻找自己需要的课程，便于快捷搜寻，另一方面避免知识过于碎片化，有助于某领域的知识体系的搭建。设计课程时，可以对学习资源类型进行分类管理，将学习资源分为工具类、原理类、观点性等类别，建立一个分布式、系统化的共享学习资源知识库。

由于同伴间的互动学习、协作学习将会使学习者之间不断发生观点的碰撞，此时是最容易产生群体知识的。在调研过程当中发现，遇到问题时，职业农民更倾向于向同样具有实战经验的同行进行请教。这些"土专家"虽然并不一定掌握丰富的理论知识，但是其实战经验丰富，由于在某一领域有较长的实际生产经历，并取得了较好的生产收获。当这些"土专家"参与到学习互动时，他们的意见输出将有可能被其他学习者采纳，成为新学习资源的一部分。这类学习资源在被专家进行审核后，也应该纳入共享学习资源知识库中。

二、在线课程开发框架

（一）前期分析

前期分析的关键是对在线学习环境的分析。在线学习环境包括了问题、案例、信息资源、认知工具、会话协作、社会境脉支持。[①]前期分析的流程和内容包括如下方面：通过对职业农民学习需求进行充分调研后，明确课程问题与实例；同时对现有的平台资源、工具进行分析，考虑采用何种呈现方式；在前期分析过程中，要对教案设计、课件制作、脚本设计进行细致的审核工作。

（二）设计开发

1. 确定教学目标，选择教学内容

不同类型课程的教学目标是不一样的。技术类课程是要保证技术的掌握；营销类课程是要使职业农民掌握营销手段，并运用到实际营销实践当中；管理类课程是要转变职业农民的总体观念。但总的教学目标不仅仅是进行知识的传递，还包括了观念的传达，促进职业农民的独立思考、意义构建。明确好教学目标后，需要对教学内容进行选择，形成章节计划。通过对知识进行分

---

① 曹梅，朱晓悦. 在线课程设计的建构主义范式诠释——美国BrainPOP在线课程的案例研究［J］. 电化教育研究，2019，40（12）：57-63.

解，使知识能够以碎片、知识点、知识单元、知识逻辑体系等方式呈现，方便需求不同的学习者能够根据自己需要获取知识模块。

2. 进行教案设计，制订教学策略

此阶段要做的就是对脚本进行编写和搜集所需要的素材，这是设计阶段的总结，同时也是实施阶段的重要依据。职业农民由于信心不足，可能出现畏难现象，且职业农民接受能力有限，注意力易被分散，教学活动要体现以学习者为中心，通过连续的、递进的学习活动，将学习资源分解到各个学习活动中，各学习活动之间相互独立但又紧密相连。系统性的学习活动能够帮助职业农民适应授课节奏，使得在线学习有章可循，增强其学习的信心。教学设计要分别针对课前、课中、课后的教学内容做好合理安排，根据每个阶段的特点设计活动内容、活动方式，根据活动来组织学习资源。课前可以设计一份前测内容，了解学习者原有知识水平，这样更有针对性地来组织学习资源，提供个性化的服务。这一阶段，教师应为职业农民树立信心，并提供必要的学习方法和学习技巧，进行答疑解惑。课中开展合理的学习活动，鼓励职业农民利用学习资源进行自我提升；并打造交互环境便于师生、生生交互，促进思想碰撞从而产生新的知识。课后应对学习效果进行测试和跟踪，还可以通过不同程度的交互来深化知识理解，使知识内化。

（三）实施评价

1. 实施教学活动，进行视频录制

不管是采用直播还是录播的方式，都要选择一个安静、明亮的环境进行课程录制。一个系列的课程中，教师的穿着、授课风格、剪辑方式需要有统一的风格，避免过于跳跃造成学习者的不适，影响学习效果。教学活动开展内容明确、条理清晰。教学活动过程中，教师以引导者的角色出现较为合适，能够使学习者感受到自己处于学习主体地位而不是被动地接受知识。视频拍摄流程一般是：协调拍摄团队→确定拍摄时间和人员→确定拍摄内容→编写拍摄脚本→执行拍摄任务→后期制作→按需补拍→修改完善。拍摄场景分为室内和室外。室内拍摄一般为基础知识内容，画面一般为教师、白板，辅以PPT图片、文字等。由于职业农民身份的特殊性，对于一些技术类课程，因操作性较强，需要进行室外拍摄。室外拍摄时需要进行实物讲解，可以辅以多人讨论等形式，增强画面感。

2. 视频剪辑，上传测试

剪辑的流程一般如下：对拍摄好的原始素材按照逻辑性进行筛选、分类、确定，运用相关视频剪辑软件对素材进行拼接。首先是对原视频素材进行筛选。除了选出视频需要的片段、删减不需要的片段外，还需要在视频中添加和课程内容相关的图片、文字、视频和音频等素材，目的是达到补充说明、深化主题的效果。同时需要注意视频的清晰度和长短要求。视频画面要清晰、噪点少，避免给学习者带来视觉上的不愉悦。视频剪辑时长尽量以短小的微视频为主，时间太短知识点不易于讲授清楚，时间太长容易使学习者失去耐心。视频剪辑画面保持干净、统一，同时知识要点突出，方便学习者进行关键信息的获取。系列课程视频辅以课程介绍、讲师介绍，有利于学习者根据自己需求来筛选课程。视频剪辑后需要有专门人员进行包括字幕等在内的视频审核，在审核无误后进行上线。

（四）完善与推广

1. 视频上线，收集评价信息

课程视频正式上线前，需要有第三方专业人员对专业性和政治性进行再次审核，避免出现专业漏洞和政治立场的不当言论，确保课程制作符合制作技术标准，符合电视摄像与画面剪辑的基本要求，确保无误后再上传。上传课程后，接下来就是课程运营环节了。课程运营可以利用平台的精准推送功能，将特定领域课程推送到真正需要的学习者手上。可以利用每日打卡、学习时长排名等进行激励。另外，还可以组织学习者互动讨论，如鼓励社群组织学习后的职业农民开展相关讨论，教师及时对学习者进行问题反馈。这样的方式不仅为职业农民提供学习效果展现方式，还能够增加他们之间的互动，让职业农民除了收获知识还能收获人脉资源。学习评价也是学习过程中不容忽视的一个环节，对在线课程设计开发者和学习者起着重要导向作用。

2. 课程研讨，方案优化

需要注意的是，承担在线课程开发的主体不仅仅是授课教师，还有如视频拍摄与剪辑、平台技术人员等，在线课程开发是整个课程开发团队的任务。根据任务和分工，在线课程的建设团队可以分为教师团队、助教团队、摄制团队和课程志愿者团队等。①在课程上线后，需要定时跟进后台数据，及时解决课程实施过程中遇到的问题。对人气较高的课程进行分析，将总结的经验运用到其他系列的课程中；将点击量较低的课程进行下架处理，分析原因后决定是否进行方案优化。

第三节　在线课程更新与维护

一、及时进行更新

目前，职业农民在线课程往往是大课为主，知识点老旧、更新慢，随着时代的进步，这些课程逐渐不适应当今社会的发展而最终被用户即职业农民舍弃，造成了资源的极大浪费。职业农民在线课程需要及时更新与维护，课程内容更新快捷，做到与时俱进、简单实用。总而言之，需要以市场化思维对课程内容进行持续优化。如何才能做到对职业农民在线课程的持续更新呢？首先，充分搜集课程参与者如课程设计者、课程实施者、课程学习者等意见，让所有课程参与者能够广泛参与到课程更新中来。其次，利用信息技术，对于点击量少、播放量少的课程进行后台数据调用，根据用户反馈来对课程设计、课程实施中遇到的问题进行解决，根据职业农民实际学习需求来对课程进行更新。最

---

① 王培顺，古勇，周萍. 在线课程建设流程与要素分析［J］. 中国教育技术装备，2018（23）：54-56+64.

后，紧密联系相关领域专家，把握知识的科学性。

二、建立共建共享机制

知识社群是一个很好的共建共享方式。移动终端的便捷性，让新型职业农民更愿意去介入到资讯、知识传播的过程中，在线学习的社交行为对学习效果有着显著的影响。这种影响主要是通过社交行为的参与度、分享、信任与认知等三个维度进行的。[①]有研究发现，学习者的理性因素和情感因素，均是在学习社群中进行知识分享的原因[②]。理性因素角度看，其之所以愿意进行知识分享活动是因为学习者认为通过这样的举动可以带来预期或不可预期的回报和益处，作为一种激励动力来让成员能够继续活跃在在线学习社群中。而从情感因素角度看，参与知识创建、传播的过程将会提升学习者的积极参与情绪。这种自愿进行知识分享的行为更像是一种无形的共同体承诺。通过资讯和知识的分享，学习者在虚拟空间中建立了情感，为下一步的资源对接奠定了基础。借鉴有关学者关于精英教师对学科知识建模中引领作用的研究，我们可以通过大众教师进行特定课程安排并由精英教授审核的在线资源开发模式，让在线学习平台上的新型职业农民中各领域的农业达人进行经验知识分享，并将高校、研究所等专家审核的在线资源开发成为在线教育资源的众筹模式，[③]这将大大激发新型职业农民在在线学习平台上进行知识构建和传播的积极性。而诸如社群内聚集着志同道合、有着极强学习动力的职业农民，他们在微信社群里进行互动交流、资源共享、互利共赢，这一个个微信社群就是流量池，平台可以对此加强沟通，并推送个性化的学习方案，便于流量变现。

---

① 田阳，冯锐，韩庆年. 在线学习社交行为对学习效果影响的实证研究［J］. 电化教育研究，2017，38（03）：48–54.

② 王翔，马吟秋，李旋. 网络学习共同体中知识分享行为的社会因素探究［J］. 经济与管理研究，2016，37（12）：131–140.

③ 何文涛. 智慧学习环境下基于知识建模图的在线教育资源众筹及其应用研究［J］. 电化教育研究，2019，40（04）：59–67.

本章小结

1. 涉及职业农民在线课程设计的理论有社会学习理论、建构主义理论、联通主义理论等。在线课程设计理念包括了实用性、艺术性、多元角色原则。设计方法包括了学习者特征分析、教学活动设计、教学评价设计等。

2. 在线课程开发原则包括了一体化原则、主体性原则、学习资源系统化原则。

3. 在线课程开发框架包括了前期分析、设计开发、实施评价和完善与推广。

4. 农民在线课程要注意在线课程更新与维护。课程内容更新快捷，做到与时俱进、简单实用。同时，要注意建立共建共享机制，如知识社群是一个很好的共建共享方式。移动终端的便捷性，让新型职业农民更愿意去介入到资讯、知识传播的过程中。

第七章

农民教育云平台构建

第一节　农民教育云平台的定义与基本构成

一、农民教育云平台的定义

中华人民共和国教育部在《教育信息化十年（2010—2020）的发展规划意见稿》中指出：充分整合和利用各级各类教育机构的信息基础设施，建设覆盖全国、分布合理、开放开源的基础云环境，支撑形成教育云基础平台、教育云资源平台和教育云应用服务平台的层级架构。在我国教育信息化五年计划中也把教育云平台的核心分成三个部分，一是建设教育云基础平台，用来提供教育云存储以及云计算等基础类服务；二是建立教育云资源平台，将各个教育单位及机构开发的教育资源汇集到教育云资源平台上，为教育资源的共享提供途径；三是建立一个教育云应用服务平台，该平台可以看作是一个服务管理中心，其作用是为教育机构的资源提供管理和应用功能。通过以上三个核心构建一个整体的系统，为云教育提供软硬件应用及平台服务的一体化云平台。根据以上的相关介绍，我们可以简单概括为教育云平台就是利用互联网和互联网技术，结合运用多媒体等多种交互手段，对教育资源内容进行整合，提供线上教育和互动新型教育应用服务的平台。[①]

根据《农业农村部办公厅教育部办公厅关于做好高职扩招培养高素质农民有关工作的通知》（农办科〔2019〕26号）的文件精神，在《农业农村部办公厅关于做好2019年农民教育培训工作的通知》中指示：明确思路目标，加快农民教育培训转型升级；提升质量效能，确保农民教育培训重点任务落实；强化跟踪服务，切实增强农民的获得感。其中重点一是抓实组织领导，二是抓实绩效考核，三是抓实基础支撑，四是抓实宣传引导。要完成现代化的农民教育工作，其中关键是要依托"全国农业科教云平台"和"云上智农"平台，对培

---

① 潘俊辉，王辉，张强. 基于教育云的应用服务平台的构建与实现［J］.计算机与数字工程，2017（10）：2041–2043.

训教师、培训基地、培训班组织和培训效果进行线上考核，不断提高线上考核覆盖面，推进线上线下融合培训。加强全国农业科教云平台推广应用，组织发动各类专家、农技推广人员和广大农民下载使用云平台，鼓励农业专家、农技推广人员、培训机构、培训教师利用云平台开展指导服务。加强内容资源开发建设，以职业素养、农业绿色发展、农产品质量安全和农村生态环保等主题为学员量身打造一批精品课程。支持各地组织农民在线学习，探索线上线下融合培训模式，以从事生产经营的农民为主要对象，利用云平台开展在线学习，不断提升在线课程比重，通过政府购买服务方式支付在线学习费用。基于此，本章将农民教育云平台在教育云平台的框架上，从云基础、云资源与云应用三个方面，把专家、农民与农技结合在一起，从而构建适合农民教育特点的线上新型教育平台。

二、农民教育云平台的基本构成

（一）云基础

云基础是网络云教育的硬件基础，近年来，国家对网络硬件全面推广建设，用网络来对偏远农村的农民进行远程教育的基本条件已经具备，到2019年为止，中国的网络基础已经实现全面提速，中国的IPv6规模部署已经全面推进，网络基础设施持续优化升级，国家域名保障体系进一步完善。互联网基础建设的巩固发展，有力支撑了国家信息化水平发展，从而也为教育云平台提供了硬件基础。网络基础完善后，同时也为中国的经济和教育模式提供发展与升级机会，随着互联网进一步发展，空间区域局限进一步被打破，各城市区域乘着互联网的东风，获得更多的发展机遇。长期以来，中国互联网的普及，为不同性别、不同年龄、不同社会阶层的网民提供了发展新机遇，成为新生代农民发展的新动力。截至2019年6月，中国的网民规模为8.54亿，互联网普及率达61.2%[①]。互联网作为云基础在助力乡村振兴、促进云资源共享应用整合等方

---

① 数据来源：第44次《中国互联网发展状况统计报告》。

面起到很大推动作用，为农村群众教育提供更大的便利。《中共中央　国务院关于实施乡村振兴战略意见》《数字乡村发展战略纲要》《国家信息化发展战略纲要》等相关政策，都指出数字乡村是未来乡村振兴的战略方向，也是建设数字乡村的重要内容。目前中国的大部分乡村基本实现了"农村宽带进乡入村"，截至2019年，光纤接入用户规模已达3.96亿户，行政村通光纤和通4G的比例均超过98%。①农村网民规模达2.25亿，占整体网民的26.3%，较2018年底增长了305万，越来越多农村群众通过互联网技术来弥补乡村教育的短板，通过云教育来实现乡村教育均衡发展。2019年，中国的在线教育用户规模达2.32亿，半年的增长率为15.5%，是所有用户类型中增长速度最快的。②在国家战略的推动下，农村从2015年以来加快基础通信设施、光纤宽带网和移动通信网、广电有线网络建设，构建有线与无线相结合、覆盖城乡的信息网络体系，在无线移动网络完善下，农村互联网用户大幅度提升，其中用手机上网的比例远远超过台式机和笔记本电脑，手机成为农村网民首选上网设备。

（二）云资源

云资源是指利用互联网络基础平台所建立起来的远程教育与教学的资源，在互联网飞速发展的时代，教育与互联网结合下，世界范围内出现了一大批在线教育的资源平台。2012年开始，美国的顶尖大学陆续设立网络学习平台，在网上提供免费课程，为更多学生提供了系统学习的可能，这些平台的课程全部针对高等教育，像真正的大学一样，有一套自己的学习和管理系统。

1. 国外比较有代表性的平台

（1）Coursera（www.coursera.org），由美国斯坦福大学两名计算机科学教授创办，有600余门课程，并与190多所顶尖大学和公司合作，其课程仍不断在增加。在中国的访问速度和播放流畅程度上都比其他国外产品要好，同时也是国外在线教育产品中对中文支持最好的产品之一，许多课程都有提供中英文字幕，除了"微专业"和认证的课程证书外，其余大部分资源都免费。

---

① 数据来源：工业和信息化部。
② 数据来源：第44次《中国互联网发展状况统计报告》。

（2）Edx（www.edx.org），是麻省理工和哈佛大学联手创建的大规模开放在线课堂平台（非营利性网站），课程设计更自由灵活，除了国外课程，也与国内顶尖高校北大清华等有联合上线课程，课程基本都免费，只有那些需要认证资格证书的用户才缴纳费用，其他均免费，但课程语言基本都是英语。

（3）Udacity（www.udacity.com），同样源于斯坦福大学的课程供应商三巨头之一，不过此平台课程偏向移动应用开发、数据挖掘、软件工程等IT理工类实用技能课程。因为是营利性网站，里面课程趋向收费，或者参与考试认证需要收费。该课程的优点是有纯中文界面网页（www.udacity.com.cn），方便用中文的学生使用。另外，此平台与商业公司合作，方便学生学习完后直接求职。

（4）可汗学院（www.khanacademy.org），是孟加拉裔美国人萨尔曼·可汗创立的一家教育性非营利组织，最主要的特点是讲课人从不出现在屏幕前，只有电子黑板系统出镜。可汗学院的课程包罗万象，数学、历史、金融、物理、化学、生物、天文学等学科科目都能找到，不过大部分课程都是比较基础的知识，比较适合入门学习。

（5）Schoo（schoo.jp），日本最大的MOOC网站，全部课程都是日语授课，科技趋势、经营创业、商业技巧等是主要的课程内容，网站平台受众也以职场新人为主。Schoo其中80%课程都以直播方式进行，也就是创始人所谓的"实时的在线课程"，一些课程限定付费会员才能观看，日语学习者可以考虑学习。

（6）OpenupEd（openuped.eu），欧盟的在线教育平台，目前有185门课程，大部分都是免费课程。在网站平台上，用户可以找到俄语、法语、意大利语、波兰语、阿拉伯语等12种外语的课程，一些课程还提供两三门语言，主要的语言还是英语。

2. 国内综合在线教育资源

随着国外在线教育的不断推广，国内教育部等多个部门联合印发指导意见，要促进在线教育健康发展，提出要大幅提升在线教育的基础设施建设水平，互联网、大数据、人工智能等现代信息技术在教育领域的应用更加广泛，在线教育模式更加完善，资源和服务更加丰富，其中有以下比较有代表性的平台。

（1）中国大学MOOC（www.icourse163.org），作为一个国内优质的学习平台，这个网站上拥有上千门课程，由国内双一流高校提供课程内容，所以整体来说每一门课程的质量都非常高。而且里面的课程涵盖的领域非常多，如计算机、心理学、法学、英语、艺术设计、摄影等，甚至包括很多平台都没有开设的农林园艺类课程。

（2）爱课程（www.icourses.cn），是教育部、财政部"十二五"期间启动实施的"高等学校本科教学质量与教学改革工程"支持建设的一个高等教育课程资源共享平台，集中展示"中国大学视频公开课"和"中国大学资源共享课"，面向高校师生和社会大众。提供优质教育资源共享和个性化教学资源服务，具有资源浏览、搜索、重组、评价，课程包的导入导出、发布，互动参与和"教""学"兼备等功能。主要致力于推动优质课程资源的广泛传播和共享，深化本科教育教学改革，提高高等教育质量，推动高等教育开放，并从一定程度上满足人民群众日趋强烈的学习需求，促进学习型社会建设。

（3）网易公开课（open.163.com），美国的Coursera和网易达成视频托管协议后，将其一部分课程内容在网易公开课上设立了Coursera专区栏目，网易公开课除了不能申请课程证书外，课程内容与Coursera没有差异。在Coursera课程之外，该平台还有TED、可汗学院、国内外高校公开课免费资源。

（4）网易云课堂（study.163.com），是网易旗下另一款综合型在线教育网站，和Udacity有点类似，以实用技能为主，兼顾高等教育和职业应用。平台发展比较快，已经有近万门课程资源，不过其中收费课程比例也比较大，免费的课程以实用技能、兴趣爱好为主，其中，大学计算机专业课程是比较有特点的内容。

（5）学堂在线（next.xuetangx.com），是清华大学自主研发的MOOC平台，起步比国内其他MOOC平台都要早些，原本都是清华大学校内的课程，受众也都是校内学生，现在已经和斯坦福大学、台湾师范大学、复旦大学等国内外高校建立了合作和资源置换关系，课程数量超过500门，资源全部免费。

（6）好大学在线（www.cnmooc.org/home/index.mooc），是上海交通大学出品的MOOC课程，包括北京大学、香港科技大学、台湾新竹大学等高校课程，内容完全免费。

（7）淘宝教育（xue.taobao.com），是依赖于淘宝网上的课程交易平台，主要通过淘宝网来搭建平台，把优质的平台商、机构、教师、课程等资源都聚集进来，走2B+2C的混合型平台模式，一方面，可在上面提供直播教学；另一方面，任何用户只要有一技之长，都可在平台发布课程，或者申请在线直播权限，但所有课程基本都需要收取费用。

3. 针对农民的在线教育资源

对于农民线上远程教育，国内除了"中国农村远程教育网"可通过电脑在线学习，其他包括官方指定的"全国农业科教平台"等都少有可用电脑在网上学习的在线学习资源，原因之一是国内农村的电脑上网普及率依然还不高。而随着智能手机、4G和宽带入村的普及，农民群体更多是习惯用移动手机上网，因此"云上智农""天天学农"等移动互联网平台资源应运而生，专门为农民提供便捷的知识学习和问题沟通解决的平台，能让农民的知识体系和职业技能在在线教育资源的支持下不断地扩展与提升。

（三）云应用

云应用是指随着国内在线教育的云基础信息技术快速发展，以及云资源的内容平台增加，在更多更新的信息技术手段下所表现的农民网络教育服务上的不同应用形式。按现阶段的应用表现，主要包括以下六种形式：第一，远程大课。以中央农业广播电视学校为代表性的在线学习平台，设有中等职业教育课程、新型职业农民培训课程、农业科技人员知识更新课程、农村实用人才带头培训课程、农业农村实用技术课程和师资培训课程六大分类，通过学习课程可以比较全面地提升文化知识素养。此类课程的特点是时长都比较长，知识体系覆盖面都比较广，适合通过电脑端长时间地学习。第二，微课。就是只以某一农业技术为主题，录制成10分钟左右的微视频课程，以供农民在线上短时间学习。此类课程具有微型化、知识专一化和随时学习等优点，方便用户短时间学习。第三，手机APP。因为农民更多是通过手机端来上网，所以手机APP软件更适合为现阶段的农民开展培训、农技问答等服务，包括农业农村部科技教育司的官方教育平台，也都主要是通过手机APP形式来开展远程培训教育。第四，直播。常见的直播方式包括基于微信群的语音直播、软件直播等。此类直播完成后，还会将课程讲授的录音、课件等发布到音视频相关管理平台，以供后续的继续学习使用。第五，微信公众号。通过在公众号上定期发布各类农业科技类文章，传播农业科技资讯。微信公众号一般会和手机端的H5网页集成一起，具有手机APP软件同样的语音直播、线上微课、专家问答等模块功能。第六，小程序。一种不需要下载安装即可使用的应用，不需要下载手机APP、用户只需要扫二维码或搜索即可打开应用，是基于微信或支付宝生态下一种新型应用，现在主要在微信小程序上的用户比较多，也是手机APP的轻应用。[①]

三、农民教育云平台的优势与劣势

（一）云平台的优势

1. 突破时间与地域的限制

现阶段很多职业农民的培训基本是采用线下的模式，这不仅需要大量资金和符合要求的培训场所，而且农民参加线下培训的时间成本较高，让不少想得到教育提升的职业农民无法选择而不得不放弃接受再教育，并且实地培训的效果无法预测。而通过云平台的在线教育，可以突破这些限制，农民可以利用碎片化的时间，也不限定在固定的场所进行学习，可以做到随时随地学习并实时监测学习效果，可以让更多的农民接受更广泛的教育培训。

2. 促进教育资源的公平分配

由于我国地域广阔、人员众多，所以教育资源分配暂时没办法全面兼顾。特别是先进的现代化农业知识和技术都主要集中在农业发达和经济较好的地区，很多偏远地区的农民根本无法得到系统的职业技术教育。没受到良好的教育，缺乏技术知识使得本来就位于偏僻地区的农业发展每况愈下。要邀请农业技术专家来做讲座也颇费周折，耗资巨大。但在线教育云平台的出现，使得这一问题能够得到有效解决。农民只需学会相应的在线教育软件操作，那么他

---

① 于合龙，陈程程，林楠. 互联网+农业科技服务云平台构建与农业时空推荐算法研究［J］.吉林农业大学学报，2019（41）：495-504.

就拉近了与专家的距离。不仅可以学习本地的现代化农业知识，还可以接触到全国各地的新技术、新知识，真正享受到云教育资源共享化的好处。

3. 使政府资金更合理利用

随着我国乡村振兴战略的推进，农村需要大量的新型职业农民，对于农业技术的专业培训需求也越来越多。我国政府投入更多的人力、物力、资源和资金，以满足新型职业农民的需求。虽然各省市县及部分示范区建立了专项培训资金，但目前资金投入仍然无法满足我国农民教育培训的实际需求，因而在线教育这一模式就显得尤为重要。政府可以根据农民的现实需求，开通网络教育资源，云教育的方式不仅能提高农民的学习效率，还能解决政府的资金难题。

（二）云平台的劣势

1. 农村基础网络设施仍待加强

虽然我国农村基础网络设施和宽带入村得到大力推动，可是到2019年为止，我国农村地区互联网用户依然仅为2.25亿，只占整体用户的26.3%，农民人口中的非网民占比达62.8%[①]，相比之下普及率远远低于城镇的互联网用户。农村群体的互联网普及率低，为农民的在线职业云教育添加了很大的障碍。

2. 农村缺乏拥有网络技术的人才

随着互联网时代的到来，农村对网络技术人才的需求也日益增大。虽然近年来农村得到很大的发展，但相对来说还是比较贫穷落后，农村人口受过大专以上高等教育的人群，鲜有人愿意回到农村发展，所以对于如何更好利用互联网技术人才是远远不够的。虽然政府对农村建设和教育投入的资金越来越多，但对于农村互联网技术型人才的培养有限，要普及和推进在线云教育，就必须要解决农村互联网人才紧缺的问题。

3. 农民自我学习控制能力弱

农民群体跟一般的学习者不同，整体来说这部分群体的学习积极性比较低，自我管控的能力也比较弱。当然这跟农民的劳动属性密切相关，多数农民

---

① 数据来源：第44次《中国互联网发展状况统计报告》。

从事的农业生产活动都极为耗费体力，身体的疲惫会使他们进一步抗拒脑力活动。除此之外，农民对于新鲜事物的接受能力较差，他们更愿意待在自己的舒适区内做自己掌控范围内的事情。因而如何激发农民群体的学习积极性，也是教育云平台要思考解决的难题。

4. 不能现场指导与沟通

农民群体要学习和提升职业技能与技术，更多的都是需要现场专门有针对性的实践指导，而这点是云教育平台所欠缺的。此外，很多农业经营者或农业职业经理人更乐意参加线下相关培训课程，除了希望学习知识、自我提升外，更多是希望通过培训场合实现人际关系拓展，这也是云教育平台现阶段所实现不了的功能。

第二节　农民教育云平台的搭建

一、农民教育云平台的工具技术

（一）云服务器

要让教育云平台能顺畅运作起来，必须要用到云服务器的技术，云服务器是一种简单高效、安全可靠、处理能力可弹性伸缩的计算服务。其管理方式比物理服务器更简单高效。用户无需提前购买硬件，即可迅速创建或释放任意多台云服务器。云服务器让云平台快速构建更稳定安全的应用，降低开发运维的难度和整体IT成本，能让云平台的内容更专注于核心课程业务的创新。

当然选择云服务器前，必须要考虑云平台的内容是以静态还是动态为主以及网站程序、运行环境、操作系统、存储模式等，同时要考虑平台的访问量、日均IP、平均同时在线人数等指标，这些指标会影响云服务对CPU、内存、带宽等参数指标的选择。当然，云平台的用户主要是国内还是国外，也会对云服务器的选择有影响。以下就重点介绍现阶段国内外主流的云服务器提供商。

1. 亚马逊AWS

亚马逊AWS是由国外亚马逊公司提供的专业云计算服务，以Web服务的形式向企业提供IT基础设施服务（图7-1）。其主要优势之一是能够根据业务发展来扩展的较低可变成本来替代前期资本基础设施费用。亚马逊网络所提供的服务包括亚马逊弹性计算网云（Amazon EC2）、亚马逊简单储存服务（Amazon S3）、亚马逊简单数据库（Amazon SimpleDB）、亚马逊简单队列服务（Amazon Simple Queue Service）以及Amazon CloudFront等。亚马逊的云服务技术相对是比较成熟的，在数据计算、开放存储等方面的性能比国内服务商好，在世界各地使用访问都很快，当然整体的成本也比较高，亚马逊AWS有国际化多种语言可选，所以如果云平台用户主要是面对世界范围的，那用亚马逊AWS的云服务是比较适合国际化的选择，其服务主要有以下一些特点。

图7-1 亚马逊AWS

在数据库方面，亚马逊AWS提供的数据库类型是相当丰富的，六种常见的SQL数据库（Amazon Aurora、PostgreSQL、MySQL、MariaDB、Oracle和

Microsoft SQL Server）、特有的DynamoDB、基于Redis和Memcahed的ElastiCache产品，近年来还推行Amazon Neptune图形数据库，其是一项快速、可靠且完全托管的图形数据库服务，可轻松构建和运行使用高度互联数据集的应用程序，且有完善的数据库服务（Database Migration Service），可实现快速地将数据库迁移至AWS。所以在数据库方面，AWS的功能还是非常全面和强大的。

在存储方面，AWS的S3存储服务是非常强大和成熟的，AWS还推出其块存储和弹性文件存储系统，以及PB级文件存储SnowBall。不过本身由于产品类型的限制，对于某些特定场景下的用户需求无法很好地满足，需要用户进行一定条件的调整。

在安全方面，AWS提供身份认证系统、证书系统、WAF系统、密钥管理系统等多项安全、合规方面的服务，来协助用户更好地规范自己的业务，实现更好的业务拓展，安全性整体较好。

在大数据和人工智能方面，AWS投入了大量的精力研发了EMR、QuickSight、Lex、Polly等产品，协助用户更方便地进行大数据研发和人工智能的研究。AWS Deep Learning AMI为机器学习从业者和研究人员提供基础设施和各种工具，促进云中任何规模的深度学习。而且能快速启动预安装了Apache MXNet和Gluon、TensorFlow、Microsoft Cognitive Toolkit、Caffe、Caffe2、Theano、Torch、Pytorch和Keras等常见深度学习框架的Amazon EC2实例，训练复杂的自定义AI模型、试验新算法或学习新技能和技术。

在CDN内容分发网络方面，AWS在全球范围内建设了近70个CloudFront节点，足够满足用户对海外的使用需求，可惜的是没有一个中国国内节点，如果教育平台当前业务主力仍在国内，可能并不适合使用AWS的CloudFront。

在域名注册的服务上，AWS并没有提供直接的注册服务，不过其提供的DNS服务Route 53也是非常出名的，很多大型企业都在使用该服务，但对于个人用户不是很方便。

2. 阿里云

阿里云（www.aliyun.com），由阿里巴巴集团于2009年创立，现在已经是全球领先的云计算及人工智能科技公司（图7-2）。其为200多个国家和地区的企业、开发者和政府机构提供服务。2017年1月，阿里云成为奥运会全球指定云服务商。2017年8月，阿里巴巴财报数据显示，阿里云付费云计算用户已经超过100万。阿里云主要致力于以在线公共服务的方式，提供安全、可靠的计算和数据处理能力，让云计算和人工智能成为普惠科技。阿里云在全球18个地域开放了49个可用区，为全球数十亿用户提供可靠的计算支持，特别是中国区用户。此外，阿里云为全球客户部署200多个飞天数据中心，通过底层统一的飞天操作系统，为客户提供全球独有的混合云体验。

图7-2　阿里云

弹性计算是阿里云的核心产品，拥有包括云服务器、专有网络、容器服务、弹性伸缩、负载均衡等9项业务，基本涵盖所有平台用户的每一种选择。其在计算领域更加专注于底层的计算能力和稳定性，尤其是推出的神龙技术架构，跟亚马逊AWS的Nitro很类似，都是通过先进的虚拟化技术打破物理机和虚拟机的隔阂。

在数据库方面，不管是普通用户常用的三大SQL数据库（MsSQL、MySQL、PostgreSQL），还是流行的NoSQL数据库（MongoDB、Redis、Memcache），阿里云在满足平台一般用户数据服务同时，对于大数据需要的海量存储，阿里云也提供了对应的产品（即PetaData、HBase以及OceanBase）。特别是阿里自研的POLARDB，官方宣称性能是MySQL数据库的6倍，但在Oracle数据库支持方面阿里云是有所缺失的，需要用到第三方的技术去解决问题。

在存储方面，阿里云提供了对象存储、文件存储、归档存储、块存储和表格存储等多种存储模式，最新的ESSD的随机读写达到了很高的100万IOPS（Input/Output Operations Per Second，即每秒读写次数速度）。

在安全方面，阿里云以云盾为基础，发展出了数十款安全产品，涵盖了WAF、内容过滤、数据加密、DDoS防护、数据风控等多项功能，阿里本身的安全能力就很出众，在云上同样有保障。

在人工智能方面，阿里云以ET大脑为基础，发展了ET工业大脑、ET农业大脑、ET环境大脑、ET医疗大脑等数个AI解决方案以及50多个AI产品，在众多产品体系中，属于阿里云集中力量发展的项目，从落地情况来看，也是走在国内最前列的。

在CDN（Content Delivery Network）内容分发网络方面，截至2023年6月30日，阿里云官方给出的数据是2300+全球节点，带宽储备超过120T，因为阿里云本身就是优酷、淘宝最大的CDN服务商，从实际效果来看，都还是非常出色的。

在域名服务上，阿里云是国内最好的，其域名业务源自收购的国内最大的域名供应商万网。后者不仅提供了基础的域名注册服务，还针对域名交易的人群，提供了域名交易、域名预定、域名转入等服务，域名管理方面达到了一家成熟企业的优秀标准。

3. 腾讯云

腾讯云是腾讯公司在QQ、QQ空间等王牌产品发展过程中，积累了大数据量的运营经验基础下，所成立的服务器运营商（图7–3）。所以腾讯不管是社交、游戏还是其他领域，都有多年的成熟产品来提供产品服务，而且腾讯有着多年对互联网服务的海量经验，所以基础架构深厚。腾讯在云端完成重要部署，为开发者及企业提供云服务、云数据、云运营等整体一站式服务方案。具体包括云服务器、云存储、云数据库和弹性web引擎等基础云服务；腾讯云分析（MTA）、腾讯云推送（信鸽）等腾讯整体大数据能力；以及QQ互联、QQ空间、微信、微社区等云端链接社交体系，这些社交属性正是腾讯云可以提供给目标行业的差异化优势，造就了可支持各种互联网使用场景的高品质的腾讯云技术平台。

图7-3　腾讯云

腾讯云在基础计算能力的提供上投入了不少精力，包括标准的云服务器、GPU云服务器、FPGA云服务器等，在弹性计算上，大量投入研发和实践，帮助用户更好地使用云计算，整体性能比较优秀。

在数据库方面，腾讯云提供了标准的SQL数据库和其特有的TDSQL、针对高速缓存场景的Redis和Memcached、标准的NoSQL数据MongoDB以及一些适合于大数据的数据库，如HBase、分布式数据库DCDB。不过丰富的产品并没有配套的应用，腾讯云没有针对用户提供专业的数据迁移服务，会导致不熟悉技术的用户在使用时体验不佳。

在存储方面，腾讯云的技术研发略显吃力，原是提供了标准的对象存储和云硬盘服务，对于一些不同场景下的需求来说，还是显得不足，后来增加了腾讯云对象存储COS，这是一种存储海量数据的分布式存储服务，可以在任意位置存储和检索任意大小的数据。COS提供了多种对象的存储类型：标准存储、低频存储、归档存储，并可根据不同的业务需求搭配使用，后续随着业务量的变化，可以随时灵活调整存储需求，整体相对比较好用。

在安全方面，腾讯云依托大禹网络安全和天御业务安全防护，提供了不少场景化的安全服务，后来专注于云安全研究、运营与平台保障。利用机器学习与大数据技术实时监控并分析各类风险信息，挖掘、预警各类安全事件，可以抵御高级持续攻击，并联合云鼎实验室等所有安全实验室进行安全漏洞的研究，保证云计算平台整体的安全性，能为用户提供黑客入侵检测和漏洞风险预警等服务，帮助企业解决服务器和业务上的安全问题。

在大数据方面，腾讯云有大数据基础服务、数据应用和AI三大体系，提供了丰富的技术产品，对于用户来说，也可以更好地借助云计算的资源来实现自己的需要。

在CDN内容分发网络方面，腾讯云依托腾讯本身的业务，提供了全球1000个加速节点，来提升用户体验。

在域名方面，腾讯云只提供了基础的域名注册服务。

4. 华为云

华为云成立于2011年，隶属于华为公司，在世界范围内设立有研发和运营机构，其专注于云计算中公有云领域的技术研究与生态拓展，能为用户提供一站式云计算基础设施服务（图7-4）。2017年3月起，华为专门成立了Cloud BU，构建并提供可信、开放的全球线上线下服务的公有云。华为共发布了13大类共85个云服务，除服务于国内企业，还服务于欧洲、美洲等全球多个区域的众多企业。华为云能立足于互联网领域，主要依托于华为公司雄厚的资本和强大的云计算研发实力，面向互联网增值服务运营商、大中小型企业、政府、科研院所等各方面的用户提供包括云主机、云托管、云存储等基础云服务，同时提供超算、内容分发与加速、视频托管与发布、企业IT、云电脑、云会议、游戏托管、应用托管等完整服务和解决方案。

图7-4　华为云

　　华为云是基于浏览器的云管理平台，以互联网线上自助服务的方式，为用户提供云计算IT基础设施服务。IT基础设施资源能够随用户业务的实际变化而弹性伸缩，用户需要多少资源就用多少资源，使用多少资源就付多少钱，通过这种弹性计算的能力和按需计费的方式有效帮助用户降低运维成本；能够在数分钟内开启成百上千的云计算资源，也能随时快速地缩减掉资源，真正地高效灵活配置资源。华为云提供弹性计算资源，提高服务器、带宽等资源利用率。当业务量上升，不需要服务器等资源的采购到位，只需要几分钟即可开通几台至数百台云主机。当业务量经过峰值期而下降，多余资源会被自动释放回收，不用担心资源浪费。同时，不管使用几小时或数十天，都可以真正高效弹性灵活，自由按需使用。华为云是经过行业认证和授权的安全持久的专业云计算平台，采用数据中心集群架构设计，从网络接入到管理配备7层安全防护，云主机采用如SAS磁盘、RAID技术以及系统快照备份，确保云主机99.9%的稳定性和安全性。存储方面是通过用户鉴权、ACL访问控制、传输安全以及MD5码完整性校验确保数据传输网络和数据存储、访问的安全性。此外，基于华为自主研发的监控和故障报警平台，提供高等级的SLA服务保证。华为云采用基于浏览器的图形化管理平台——华为云管理平台，通过互联网，轻松实现远程对华为云产品或服务的体验、下单、购买、账户充值、账户管理、资源维护管理、系统监控、系统镜像安装、数据备份、故障查询与处理等功能。华为云在全球建立480个数据中心，其中有160个云数据中心，且华为双活数据中心解决方案荣获Frost & Sullivan"最佳解决方案技术领导奖"。华为对象存储服务（Object Storage Services）是一个基于对象的云存储服务，能提供海量安全、高可靠、低成本的数据存储能力。同时，提供了多种语言（Java、PHP、C、Python）的SDK来简化编程。华为对象存储服务可以为多种应用构建大规模的数据存储服务，如互联网海量内容（视频、图片、照片、图书、音像、杂志等）、网盘、数字媒体、备份、归档、BigData等服务。

华为云采用桌面云来进行管理，桌面云是采用最新的云计算技术开发出的一款智能终端产品，外表看起来是一个小盒子，但却可以代替普通电脑使用；同时用户也可以用PC和移动PAD等多种方式接入桌面云。华为桌面云改变了传统的PC办公模式，突破时间、地点、终端、应用的限制，随时随地办公，让平台用户能更专注于核心业务的发展。

（二）开发教育云平台的技术与工具

首先是前端技术与工具，前端技术开发主要是在创建Web页面或app等前端界面呈现给平台用户的具体过程，是用户最能直接感受教育云平台好不好用的第一门面，其开发的主要技术是HTML、CSS、JavaScript以及衍生出来的各种技术、框架、解决方案。这种技术是从网页制作演变而来，在互联网的演化进程中，网页制作是Web1.0时代的产物，早期网站主要内容都是静态的，以图片和文字为主，用户使用网站的行为也以浏览为主。随着互联网技术的发展和HTML5、CSS3的应用，现代网页更加美观，交互效果显著，功能更加强大。随着移动互联网到来，带来了大量高性能的移动终端设备以及快速的无线网络，HTML5，node.jS的广泛应用，各类适合移动互联的教育云平台开发技术工具应运而生。

1. HTML和HTML5

HTML是用于创建网站的基本编程语言，全称Hypertext Markup Language，也就是"超文本链接标示语言"。HTML文本是由HTML命令组成的描述性文本，HTML命令可以说明文字、图形、动画、声音、表格、链接等，即平常上网所看到的网页。HTML描述了如何通过互联网浏览器显示文档，超文本基本上是包含指向其他文本的链接的文本，可以单击这些链接跳转到其他页面或文本部分。HTML具备以下特点，一是简易性，超级文本标记语言版本升级采用超集方式，从而更加灵活方便。二是可扩展性，超级文本标记语言的广泛应用带来了加强功能，增加标识符等要求，超级文本标记语言采取子类元素的方式，为系统扩展带来保证。三是跨平台，HTML的运作与系统平台无关，无论是PC还是MAC等其他机器，超级文本标记语言可以使用在广泛的平台上，这也是其在万维网（WWW）盛行的另一个原因。四是通用性，HTML是网络的通用语言，是一种简单、通用的全置标记语言。

HTML5是互联网的下一代标准，同样是构建以及呈现互联网内容的一种语言方式，被认为是互联网的核心技术之一。与传统的技术相比，HTML5的语法特征更加明显，并且结合了新图形格式的内容，在网页中使用这些内容可以更加便捷地处理多媒体内容，而且HTML5中还结合了其他元素，对原有的功能进行调整和修改，进行标准化工作。HTML5将互联网带入一个更成熟的移动应用平台，在这个平台上，视频、音频、图像、动画以及与设备的交互都进行了规范。其能实现智能表单、绘图画布、多媒体、数据存储和多线程这些功能，这些功能让移动网联网应用得到快速发展，特别是对多媒体支持，无需第三方插件（如Flash）就可以实现音视频的播放功能。HTML5对音频、视频文件的支持使得浏览器摆脱了对插件的依赖，加快了页面的加载速度，扩展了互联网多媒体技术的发展空间。同时，HTML5较之传统的数据存储有自己的存储方式，允许在客户端实现较大规模的数据存储。

2. CSS和CSS3

CSS（Cascading Style Sheets）层叠样式表是一种用来表现HTML或XML（标准通用标记语言的一个子集）等文件样式的计算机语言。CSS不仅可以静态地修饰网页，还可以配合各种脚本语言动态地对网页各元素进行格式化。CSS能够对网页中元素位置的排版进行像素级精确控制，支持几乎所有的字体字号样式，拥有对网页对象和模型样式编辑的能力。最初的HTML只包含很少的显示属性，随着HTML的成长，为了满足页面设计者的要求，HTML添加了很多显示功能，但是随着这些功能的增加，HTML变得越来越杂乱，而且HTML页面也越来越臃肿，于是CSS便诞生了。在CSS中，一个文件的样式可以从其他的样式表中继承。如果在某些地方发现喜欢的样式，那就可以在其他地方继承或层叠作者的样式。这种层叠的方式可以灵活地加入自己的设计，混合设计者的爱好。CSS的丰富样式定义、易于使用与修改、多页面应用及页面压缩的特点，让其在互联网应用很快得到推广。

CSS3是CSS技术的升级版本，主要包括盒子模型、列表、超链接方式、语言、背景和边框、文字特效、多栏布局等模块。CSS3规范的一个新特点是被分为若干个相互独立的模块。一方面分成若干较小的模块较利于规范及时更新和发布，及时调整模块的内容，这些模块独立实现和发布，也为日后CSS的扩展奠定了基础。另外一方面，由于受支持设备和浏览器厂商的限制，设备或者厂商可以有选择地支持一部分模块，支持CSS3的一个子集，这样有利于CSS3的推广。通过CSS3，一是减少开发成本与维护成本，二是可以提高页面性能，而且CSS3将完全向后兼容，所以不需要专门的修改或设计，原来的CSS代码也可以继续运作。

3. JavaScript与jQuery

JavaScript（以下简称"JS"）是一种具有函数优先的轻量级、解释型或即时编译型的编程语言。它主要是作为开发Web页面的脚本语言而出名的，但是它也被用到了很多非浏览器环境中，JS基于原型编程、多范式的动态脚本语言，并且支持面向对象的命令式和声明式（如函数式编程）风格。JS是一种属于网络的脚本语言，已经被广泛用于Web应用开发，常用来为网页添加各式各样的动态功能，为用户提供更流畅美观的浏览效果。JS脚本通常是通过嵌入在HTML中来实现自身的功能的，是一种解释性脚本语言（代码不进行预编译），主要用来向HTML（标准通用标记语言下的一个应用）页面添加交互行为。其特点是跨平台特性，在绝大多数浏览器的支持下，可以在多种平台下运行（如Windows、Linux、Mac、Android、iOS等）。

jQuery则是JavaScript的一个代码库（或类库），它将一些在JavaScript开发中经常用到的功能集合起来，以方便开发者直接使用，而不需要再用原生 JavaScript语句写大量代码，同时可在不同浏览器间实现一致的效果。jQuery设计的宗旨是"Write Less，Do More"，即倡导写更少的代码，做更多的事情。它封装JavaScript常用的功能代码，提供一种简便的JavaScript设计模式，优化 HTML文档操作、事件处理、动画设计和Ajax交互。jQuery的核心特性可以总结为：具有独特的链式语法和短小清晰的多功能接口；具有高效灵活的CSS选择器，并且可对CSS选择器进行扩展；拥有便捷的插件扩展机制和丰富的插件。jQuery可以兼容各种主流浏览器，如IE 6.0+、FF 1.5+、Safari 2.0+、Opera 9.0+等。有了jQuery的代码库就可以更方便JavaScript的应用。

4. 微信小程序

所谓小程序是一种不需要下载安装即可使用的应用，用户只要扫一扫或者搜一下即可打开应用，体现了微信小程序"用完即走"的理念。对于云平台开发者而言，小程序开发门槛相对较低，难度不及APP，能够满足简单的基础应用，适合生活服务类线下商铺以及低频应用的转换。而且小程序能够实现消息通知、线下扫码、公众号关联等七大功能，其中，通过公众号关联，用户可以实现公众号与小程序之间相互跳转，经过多年的发展，已经构造了以微信社交圈为资源的小程序开发环境和开发者生态。小程序的开发主要是在项目的目录中，将.js、.json、.wxml、.wxss后缀文件经过编译，上传到微信服务器之后无法直接访问到（如图7-5）。其中WXML（WeiXin Markup Language）是框架设计的一套标签语言，结合基础组件、事件系统，可以构建出页面的结构，相当于前面所提到HTML页面。WXSS（WeiXin Style Sheets）是一套样式语言，用于描述WXML的组件样式，相当于前面所提到的CSS。JS文件主要用来做交互，比如响应用户的点击、获取用户的位置等等，通过编写JS脚本文件来处理用户的操作。简单来说，WXML决定有什么内容，WXSS决定内容长什么样子，JS决定了页面和用户操作的交互，体验好不好就看JS了。

图7-5 小程序开发云平台

其次，后端技术与工具中，主要介绍以下几种。

1. Java

Java是由Sun Microsystems公司于1995年5月推出的面向对象程序设计语言和平台的总称。Java是一门面向对象编程语言，不仅吸收了C++语言的各种优点，还摒弃了C++里难以理解的多继承、指针等概念，因此Java语言具有功能强大和简单易用两个特征。Java语言作为静态面向对象编程语言的代表，极好地实现了面向对象理论，允许程序员以优雅的思维方式进行复杂的编程。Java具有简单性、面向对象、分布式、健壮性、安全性、平台独立与可移植性、多线程、动态性等特点。Java可以编写桌面应用程序、Web应用程序、分布式系统和嵌入式系统应用程序等。正是因为Java语言具备以上优点，所以对于大型教育云平台后端的开发特别适用。

2. PHP

PHP（Hypertext Preprocessor）译为超文本预处理器。PHP语言是最热门的网站程序开发语言，它具有成本低、速度快、可移植性好、内置函数库丰富等优点。其特点是具有公开的源代码，在程序设计上与通用型语言的C语言相似性较高，因此在操作过程中简单易懂，可操作性强。利用PHP语言进行行业网站设计，能够实现数据库的实时性更新，网站的日常维护和管理简单易行，进而提高用户的使用效率。而且有许多PHP框架软件平台，可以让PHP开发更加方便，比如国内的ThinkPHP框架就特别适合中国的轻量级平台开发用户使用（如图7-6）。

图7-6　ThinkPHP应用

对于小型的教育云平台后端项目，PHP是一个十分符合人意的编程语言。但是对于较大的和更为复杂的云平台建设项目，PHP就显出它的薄弱了，会暴露出一系列缺点和问题。

3. 数据库与SQL语言

国内外普遍采用SQL系统数据库产品，作为集成网络的数据库系统就必须采用这类产品。SQL数据库产品种类较多，常用的有Oracle、Sybase、Informix、SQL Server 和MySQL等。这些数据库管理系统在世界上占据了绝大部分的数据库市场，其中属Oracle占有的市场份额最大。Sybase是一种多媒体数据库，具有优良的性能。MySQL是最流行的关系型数据库管理系统之一，在WEB应用方面，MySQL是最好的RDBMS（Relational Database Management System，关系数据库管理系统）应用软件之一，所以对于一般的云平台开发者来说，MySQL数据库是最合适的选择。

SQL则是英文Structured Query Language的缩写，意思为结构化查询语言。SQL语言的主要功能就是同各种数据库建立联系，进行沟通。按照ANSI（美国国家标准协会）的规定，SQL被作为关系型数据库管理系统的标准语言，结构化查询语言语句可以嵌套，这使它具有极大的灵活性和强大的功能。作为嵌入式语言，SQL语句能够嵌入到高级语言（如C、C#、Java、PHP）等程序中，供程序员设计程序时使用。在两种不同的使用方式下，SQL的语法结构基本上是一致的，这种以统一的语法结构提供两种不同的操作方式，为用户提供了极大的灵活性与方便性。SQL语言简洁，易学易用，功能极强，由于设计巧妙，语言十分简洁，完成数据定义、数据操纵、数据控制的核心功能只用了9个动词CREATE、ALTER、DROP、SELECT、INSERT、UPDATE、DELETE、GRANT、REVOKE。且SQL语言语法简单，因此容易学习，也容易使用。所以对于大多数云平台开发者来说，SQL是后台开发必须要用到的技术。

再次是开源或收费课程管理平台。并不是每个人或单位都有能力和资金独立开发完整的教育云平台，所以可以利用一些开源或收费平台来快速搭建教育云平台。一般这些开源或收费的管理平台都称为课程管理系统（Course Management System，简写为CMS），是专门为课程建立网站的工具，老师可以在其上发布课程大纲、教学计划，以及每堂课的教学内容，可以布置作业，批改作业，公布学生成绩。课程管理系统往往还为课程提供一些通信工具，如讨论组、聊天室，支持这门课程师生之间的交流。通过这些开源系统平台可以很方便地快速实现云教育，下面重点介绍两个系统平台。

1. Moodle

Moodle是面向对象的模块化动态学习环境，是一个课程管理系统，也是一个被设计来帮助教学者在网络建设课程的软件，像这样的网络学习系统有时候也被称为学习管理系统（LMS）或虚拟学习环境（VLE）。Moodle的开源学习内容管理系统是基于PHP技术，采用MySQL数据库所构建的。Moodle重要的特色是以社会建构教学法为其设计基础。Moodle的在线教学模块采用可自由组合的动态模块化设计，教师组织在线教学时就像搭积木一样简单有趣。Moodle支持多种教学模式，可应用在多种不同领域。Moodle平台界面简单精巧，使用者可以根据需要随时调整界面，增减内容。课程列表显示了服务器上每门课程的描述，包括是否允许访客使用，访问者可以对课程进行分类和搜索，按自己的需要学习课程。Moodle平台还具有兼容和易用性，可以在任何支持PHP的平台上安装，安装过程简单，只需要一个数据库（并且可以共享）。它具有全面的数据库抽象层，几乎支持所有的主流数据库。Moodle是B/S模式的应用程序，所以一般而言，此平台只适合于中小型的教育机构。此系统有教育平台所要求的主要功能，如课程管理、作业模块、聊天模块、投票模块、论坛模块、测验模块、资源模块、问卷调查模块、互动评价等。所以Moodle这个课程管理和学生学习环境管理平台为我们提供了一条有效的快速解决途径，如图7-7所示的平台就是用Moodle所搭建的云平台，比如浙江万里学院也是用该开源系统实现云教育。

图7-7　Moodle搭建的云教育平台

2. EduSoho

EduSoho是由杭州阔知公司所提供的在线教育一站式解决方案，其让教育机构可以零门槛搭建和运营独立网校，便捷实现搭建在线教育平台。其除企业商业外也是属于基本开源的系统，进一步开发EduSoho需安装PHP、MySQL、Nginx、NodeJS等环境，其主要功能特性有：可自由组合提升教学效果；游戏化任务学习方式；智能化后台管理系统，提升80%运营效率；网校CRM系统，可精准营销提升销售转化率；可微信端授课，方便用户随时使用；有APP支持，方便移动端使用。EduSoho整体的网校系统，提供全方位的在线教育解决方案，帮助培训机构实现了在线教学、管理、营销、安全等各方面要求。其有以下产品：一是EduSoho企业培训系统，主要针对企业的学习培训；二是智慧课堂，主要是基于动态学习数据分析的新型课堂，实现自动收集教学过程数据，便于教学分析，支持校园多场景；三是EduSoho教育云，是专为教育开发的云服务，实现了云视频、云直播、云短信、云邮件等服务，稳定、安全、便捷，降低教育成本；四是气球鱼学堂，其是为教育机构网校搭建的在线教学运营学习平台，包含系统操作指南、运营课程、常见FAQ问答，为运营者提供各项运营解决方案。正是因为此系统的方便易用性，所以很多机构都采用此系统来实现云教育（如图7-8）。

图7-8　采用EduSoho的云教育机构

（三）云课程制作相关技术与工具

首先，是录播式课程。录播式课程是指利用手机、摄像机或录屏软件等工具，将教师讲课全过程用视频方式录制下来，将录制好的视频进行剪裁，编制转换成适合网络播放的视频格式并压缩调整后，再将此编制好的录像视频上传到教育云平台以供在线学习。其一般有以下几种方式：

1. 录屏式

录屏式课程是指利用录屏软件或有录屏功能的PPT软件（如WPS与Powerpoint等）将原来教师授课的PPT课件，结合计算机自带（或外置）的摄像头录制教师形象或麦克风录制教师的声音。视频整体以PPT课程内容为主，教师影像为辅，通过教师的形象讲解或声音讲解，把声音与形象结合PPT的内容制作成授课视频。这种形式的视频制作最为简单，一般教师都可以独立录制完成，后期的简单编辑与压缩也可以自己完成，如果找一名助教协助就更容易完成。整个制作的过程所花的时间也不需要太多，只需要教师将原来的授课PPT内容整理好就可以录制，这类课程特别适合理论课和理工类纯知识性的讲解。

2. 演播室

演播室录制的课程对制作技术要求比较高（比如绿幕抠屏技术），或是对录制的场所与设备都有一定的要求。这类课程视频的制作，无论是时间成本、人力成本、沟通成本还是金钱成本都是要求比较高的。制作一个演播室视频课程，都需要与专业摄像人员沟通，对录制环境场地进行布置与适应，而且对于录制人员和授课人员也都有时间与场合的限制。由于演播室的环境条件和制作方法不同，最终制作出来的视频样式差别也比较大。根据制作的复杂程度不同，所要花的时间也会有不同，但整体来说录制一个演播室课程所要投入的时间是比较多的，制作一个课程视频至少也要一名专业摄像人员和一名后期编辑人员，对课程制作的专业度要求都比较高。

3. 现场教学

现场教学视频的录制是在教师课堂上课时进行录制的，可以保留现场课堂教学的感觉，教师也不需要太多另外的准备，所以心理压力也不大，对于农业技术类课程用现场录制更有效，因为可以直接看到操作的过程与效果，对于农民学习群体来说教学效果更好更直观。但这类教学视频的录制比演播室录制更复杂，比如在外录制对于声音的收集和噪音的处理是很难的，所要的设备也更专业更贵。后期制作还需要考虑到教师与不同演示效果之间的镜头切换及相应的内容剪辑，所以这种视频制作方式需要投入的时间成本是比较高的，产出一个视频需要的时间也是比较长的。在人员投入上，一般都需要专业摄像师和后期制作人员，甚至需要编剧和主持人。同时，拍摄的时候需要多机位拍摄，比较场所全景、教师场景、演示效果场景等各位置都需要拍摄到。这种方式固然更生动形象，但素材太多也为后期的课程视频制作带来很多麻烦，不仅后期工作量极大，也需要更高配置的计算机来对庞大的素材进行处理，整体的制作成本也比较大。

其次是直播课程。直播课程是线上直接连接教师与学生之间的一种教学形式，也是师生之间互动的最重要的平台与方式。它所提供的功能直接决定了教师在线上授课的表现力与欢迎程度，一定程度上可以放大或限制授课教师的教学能力。可以说，线上的直播教学是一种很重要且必需的教学方式，但这种教学方式如何取得最好的效果又与教师的教学表现有直接的关系，怎么用好直播教学也是需要进一步研究的。一般来说现阶段直播有以下几种方式与平台：

1. 腾讯云直播产品

腾讯云标准产品可以直接在腾讯云官网上购买，不需要太多的改动就可以接入自己开发的云直播系统上，所以非常方便满足自己搭建直播平台功能的需求。其直播产品能提供专业稳定快速的直播接入和分发服务，全面满足低延迟和大量访问量的要求，支持用户定制自己的推流端和播放端APP，具有低延迟、高安全、高性能、易接入、多终端、多码率支持等特点。同时可使用控制台来快速进行直播域名的管理、直播流管理、转码、录制等基础功能的配置，还可以进行Web推流、加速配置、资源监控、日志管理服务等各种操作。同时其可提供云端录制、截图鉴黄、自动拼接、直播时移等功能，直播解决方案比较完整齐全。同时，其云直播的服务可非常方便地接入到直接开发的教育云平台中，其本质是一个广播的过程，类似于电视台的直播节目通过有线电视网发送到千家万户。为了完成这个过程，云直播需要有采集和推流设备（类似摄像头）、云直播服务（类似电视台的有线电视网）和播放设备（类似电视）。而采集和推流设备以及播放设备可以是手机、PC、Pad等智能终端以及Web浏览器，在对应设备上的推流用直播推流如PC端推流、Web端推流、移动端推流和下载移动直播SDK开发包来进行推流都可以，正是因为该产品解决方案功能齐全、方便易用，所以不少机构也采用了腾讯云直播的产品来实现直播功能（如图7-9）。

图7-9 腾讯云直播步骤与应用机构

2. 腾讯课堂

腾讯课堂是腾讯独立推出的专业在线教育平台，腾讯课堂利用其社交上的优势与QQ和微信这些产品进行深度整合，凭借这些优势，可以实现在线即时互动教学，提供流畅、高音质的课程直播效果。同时支持PPT演示、屏幕分享等多样化的授课模式，还为教师提供白板、设置提问功能。因为社交的天然的群聚效应，用户通过腾讯课堂加入机构认证的官方群，在群内与同学、教师交流，甚至可以添加教师为好友，实现一对一的在线教学指导。通过腾讯课堂平台报名并加入群的用户，群主可以通过名称判别学生的身份、学习情况等。此外，机构在腾讯课堂上绑定的群，可以建立课程表，群成员通过课程表发现课程便可直接点击进入网站报名，实现对群内用户长期的维护效果。除了技术及用户上的优势，腾讯课堂还配以对教育机构的政策支持，依托腾讯流量资源平台，提供给广告主和机构多种广告形式投放，并利用专业数据处理算法实现成本可控、效益可观、精准定位的效果广告系统。此外为保证课程质量，可综合其上课人数、准点开课率，课程好评度等进行评分，利用腾讯课堂可以快速实现直播，也不需要其他的太复杂的设置。

3. 钉钉在线课堂

钉钉（DingTalk）是阿里巴巴集团专为中国企业打造的免费沟通和协同

的多端平台。钉钉刚开始主要是帮助中国企业通过系统化的解决方案（微应用），全方位提升中国企业沟通和协同效率。后来钉钉逐步发展出钉钉在线课堂，此平台在企业社交的功能上，进一步支持直播、视频录播等链接观看课程及群内直播多种形式，覆盖在线授课、在线提交批改作业、在线考试等应用场景。在线课堂可支持超过百万学生同时在线学习，教师无需专业设备，用手机、电脑即可发起直播，学生通过电脑、手机观看，并与教师互动。群内直播回放视频保存12个月，可导出可回放。且钉钉的在线课堂功能是免费开放给全国大中小学使用的，并覆盖广大农村地区的学校，存储空间容量不限。同时，钉钉的群直播连麦功能也是免费开放的，可支持师生在直播中互动，直播功能很稳定，教师们用起来十分便捷，学生们即使突发状况错过直播，也能回头再看录播。另外钉钉还有群管理、文件管理、打电话、发通知等办公功能，方便教师与家长的直接沟通。

4. 虎牙、斗鱼、YY和哔哩哔哩等青少年娱乐直播平台

虎牙直播是一个互动直播平台，为用户提供高清、流畅而丰富的互动式视频直播服务。虎牙直播是中国领先的游戏直播平台之一，覆盖超过3300款游戏，并已逐步涵盖娱乐、综艺、教育、户外、体育等多元化的弹幕式互动直播内容。

斗鱼TV是一家弹幕式直播分享网站，为用户提供视频直播和赛事直播服务。斗鱼TV的前身为ACFUN视频网站，于2014年1月1日起正式更名为斗鱼TV。斗鱼TV以游戏直播为主，涵盖了娱乐、综艺、体育、户外等多种直播内容。

YY直播是国内网络视频直播行业的奠基者。目前YY直播是一个包含音乐、科技、户外、体育、游戏等内容在内的国内最大全民娱乐直播平台。YY直播一直以来注重用户原创内容创造力的充分释放，演唱、游戏、聊天、DJ、说书等表演形式均有其固定的参与者和粉丝。

哔哩哔哩（Bilibili，以下简称"B站"）现为国内领先的年轻人文化社区，该网站于2009年6月26日创建，被用户习惯称为B站。B站的特色是悬浮于视频上方的实时评论功能，爱好者称其为"弹幕"，这种独特的视频体验让基于互联网的弹幕能够超越时空限制，构建出一种共时性的关系，形成一种虚拟的部落式观影氛围，让B站成为极具互动分享和二次创造的文化社区。B站目前也是众多网络热门词汇的发源地之一，其直播平台也非常受年轻人欢迎。

以上所有的平台都可以进行直播，交互功能非常丰富，是现阶段年轻人非常喜欢的娱乐直播平台，虽然这些平台以娱乐为主，但越来越多教育者也开始利用这些平台和年轻人互动教学，所以在趣味教学方面越来越受年轻人喜欢。

二、农民教育云平台的功能模块

（一）应用前端基本功能

应用前端就是用户使用教育云平台首先接触到的操作界面，所以在设计教育云平台的时候，一定要考虑到用户在使用便利的同时能获得学习成就感。虽然不同的教育平台设计思路有不同，导致功能模块也不相同，但基本设计思路可以参考图7-10。以下一些基本功能是搭建教育云平台时都要考虑到的功能。

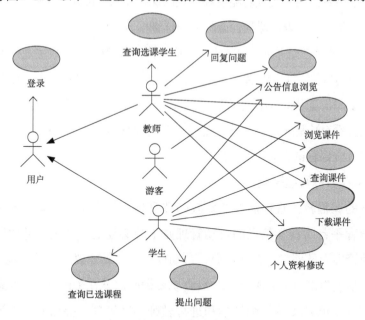

图7-10 前端功能

1. 个人用户管理模块

此部分基本功能应有：用户注册、登录、修改个人信息、修改密码、退出。

注册用户的功能应有：身份信息、课程记录、学习记录、学习评分、充值记录、购买记录。

非注册用户功能应有：免费浏览提示公告。

2. 课程管理模块

课程管理应包括设置、修订专业，专业课程的设置、管理，专业资源分配以及设立课程，指定课程相关人员如开发人员、授课人员、助教人员和学生的权限和口令，分别建立与课程相关的设施如邮箱、讨论区、网址等，添加、修改新课程，制定修改课程培养计划，设置相关课程的先导关系等日常事务。对课程的管理包括课程共享管理，培养计划扩展管理。课程管理还应提供灵活的数据库报表功能，为教师和管理人员提供有关课程的各种统计信息。应对如属主权限、用户权限、使用记录、更新维护等进行管理，以及应具备对各种教学资源进行采集、管理、检索和利用的功能。

对于学习者方面应设置功能模块：热门课程显示，推荐课程显示，按分类查询课程，按条件模糊查询课程，查看课程详细内容；课程选修模块：参加课程，退选课程，订单提交，取消订单；课件使用模块：观看视频，自主选择视频。

对于教学者方面应设置功能模块：用户注册，用户登录，修改个人信息，退出；添加课程，编辑课程基本信息，删除课程，查看个人所开设课程；根据课程查看对应课程下的章节，根据章节查看对应课时，发布章节，发布课时；发布对应课程的公告，删除公告。

3. 课程教务管理模块

实际的课程教务管理需要花费教师和管理人员大量的时间和精力，因此实现云教育平台对教学信息的自动管理是十分必要的，如记录并跟踪师生活动、自动管理人员档案、自动记分、自动反馈、自动建议、自动答疑、学生作业管理及学生学籍自动管理等。一般来说要做好以下几个模块，一是教师管理模块，主要功能是支持教师教学和进行教师档案管理。提出研究性课题，启发、培养学生的探究、创新能力，组织小组协同工作解决难题，组织学生分组讨论，交流思想。教师档案管理包括建立教师授课账号，记录教师的个人信息，进行任课资格、教学计划、教学活动记录、工作业绩等方面的管理，配置相应的授课资源，记载教师的授课情况，建立和维护教师科研档案等等。二是学生管理模块，主要功能是注册认证和学籍管理。通过建立和维护学生的电子学习档案来管理学习过程，电子学习档案包括学生身份信息、选课信息、学习任务信息、学习活动记录、学习评价信息、电子作业集等。三是教学评估模块。网上教学评估模块包括测验试卷的生成工具、测试过程控制系统和测试结果分析工具，还可以根据学生的学习情况提供个性化的反馈内容。最后还应包括发布公告信息、公告文档的管理等。

（二）应用后台基本功能

后台系统管理主要设计思路是如何将教师、学生与管理员之间进行管理协助，并设定相关的操作权限功能，不会互相之间造成阻碍和影响（如图7-11）。一般要考虑设计的基本功能模块具体如下：

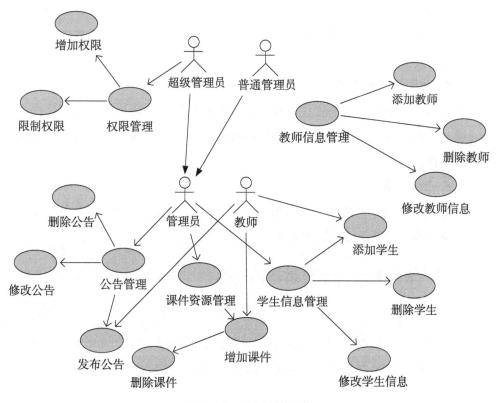

图7-11　后台设计思路

1. 系统设置和维护

负责系统的日常维护、参数设置、数据备份和恢复。系统的安全性和数据的完整性、一致性主要由本模块来保证。

2. 权限身份控制

将系统用户划分为不同的角色身份，不同的角色和身份指定不同的功能于不同权限的用户，只提供他所能访问的功能界面，控制无关信息的显示。

3. 计费管理

提供采集计费源数据的功能。计费功能分布在业务活动的各个环节。提供计费项目的管理功能包括学习内容、学习时间、多媒体信息流量、传输的区间、使用的服务方式等项目；按时或实时自动更新用户费用；提供账单的查询和统计功能（以报表形式或其他形式）。

4. 安全管理

系统应设置安全级别和权限级别，采取必要的软件或硬件隔离措施，以保证系统安全。

5. 公告及通信管理

进行系统维护（如公告栏、校内新闻栏更新等），响应客户请求，提供（关于本系统的）咨询答疑，及时排除故障，保证系统正常运行，支持部门间报表通信。

6. 数据备份

定期对系统关键数据进行备份，并对备份档案做详细记录，一旦出现意外，系统能够根据备份数据和备份记录进行恢复。

三、农民教育云平台搭建的要件

（一）师资

在线教育对教师的要求不止于专业性知识的传授，互联网时代下的在线教育对教师专业性产生了新的诉求，即理念转换、教学能力、信息素养。[1]要

---

[1]　田晶. 基于在线课程的教师专业发展研究［J］. 中国高校科技，2018（08）：92-94.

想实现在线学习理想和现实的贯通，教师首先需要具备多元化的教学理念。在线教育的教学模式有辅助教学、翻转课堂、双师课堂等。不同模式具有不同的特点，教师需要根据面对的学生群体进行设计。第二，教师教学能力需提升。在线教学的环境与传统课室教学环境的差异，导致了教师需要具备将知识进行整合、对教学手段进行创新和将在线课程和传统课程进行整合的能力。而教育信息技术的运用将会提升教学效能。第三，教师应具备一定的信息素养。信息素养既是教师的基本专业素养，又是促进教师专业能力发展的重要因素。[①]在线教育服务提供方应鼓励教师掌握一定的教育信息技术，培养教育现代化意识，鼓励和引导其在教学过程中运用信息化思维。

（二）课程

视频是在线课程最主要的呈现形式。在线教育的课程时间应简短，以视频微课程为主。将学生理解过程考虑在内的视频学习资源设计是教育信息化发展所追求的目标，也是在线教育课程质量的关键。[②]视频课程设计已不同于以往的线性的、单一的"课堂实况录制"，而是根据学习者的理解能力进行立体的、多维的个性化设计，不仅仅包含了知识的传递，还有学习活动的设计、师生间的交互等环节。

依据认知负荷理论，学习者对资源的认知有限。一旦信息过载，将影响学习者的意义建构。从神经生物学的角度来看，最小内容和频繁重复可以促进学习者的知识构建。[③]在线教育资源提供方应注意将知识点进行解构，将话题讨论等协作式学习方式运用到过程式学习当中。相关研究显示，大脑中处理与视觉相关信息的脑细胞超过80%，人眼对可视符号的感知度比对文本或数字要

---

① 郭红霞. 信息素养促进教师专业能力发展的内在机制及其养成〔J〕. 中国电化教育，2012（5）：58-61.

② 孙田琳子，沈书生. 面向理解的视频学习资源内容设计框架〔J〕. 电化教育研究，2019，40（09）：43-49+58.

③ Li，Fei et al. The Curriculum Design and Develop-ment in MOOCs Environment〔R〕. *Lisbon: Paper Presented atthe International Conference E — Learning*，2014: 286.

高得多。[①]因此，课程呈现方式应以图、视频为主，避免长幅度的文字。课程风格轻松活泼，授课内容具有实践性。

（三）平台管理系统

平台管理系统应以学生为中心、以服务为导向、以学习资源为重点、以信息资源建设和技术应用为核心，[②]建立良好的学习生态，搭建完整的学习链条。从用户层面出发，对学习者的学习需求做好调研工作。重新审视平台界面、模块、组件，着重考虑以下几个方面。第一，界面简洁美观。保证界面索引清晰、直观，减少冗余信息，避免分散学习者注意力。第二，交互性良好。保证组件顺畅、快捷，方便师生、生生进行交互。第三，适当的学习激励措施。根据动机理论，适当的外部动机可以激发内部动机。通过每日登录签到集学习积分、学习积分兑换免费课程等方式来激励学习者保持每日登录学习的良好习惯，推送其感兴趣的课程内容和服务是增加其黏度、提高学习积极性的关键。

四、农民教育云平台的课程设置

（一）技术类

一般农民学习用户最关注的是自己的农产品如何提高产量，所以大多数用户都希望能了解如何栽培、良种繁育和动植物的养护等方面的职业技能知识，因此农民云教育平台应当从种植业、畜牧业和水产业这三个大类再细分规划子类课程，可以结合农业的区位因素如自然的地形、气候、水源和土壤，以及地域性、季节性和周期性农业生产的特点，再通过市场调查研究去发现农民最关心的课程问题，这样设计出来的技术类课程是会比较受欢迎的。

---

① 刘海，李姣姣，张维，张昭理，易泽顺. 面向在线教学平台的数据叫视化方法及应用［J］. 中国远程教育，2018（01）：37–44.

② 许崇明，张金燕. 构建现代网络教学平台 促进教育教学改革［J］. 高教探索，2016（S1）：76–78.

（二）通识综合类

作为现代的农民，不仅仅需要了解职业技术类课程，更需要全面提升农业素养与素质。如设施农业、组织培养、农业产品营销、农业经济核算、农业生产经营管理等这些综合通识性课程，是培养有良好的职业道德、掌握现代农业生产技术、懂农业生产管理与农村经营管理的高素质技术应用型农业科技服务人才的需要。

（三）问题解决类

此外，现阶段的种植与养殖技术培养体系还不够健全，农业技术推广的机构及人员不够，非技术人员不从事技术推广，技术培训走形式，技术推广走过场，推广知识陈旧，缺少实践，对先进的科学技术领会不深，同时，农户缺乏农业知识，在农业病虫害或畜牧养殖有问题时，又缺乏技术人员支持，无法马上辨别和解决问题，造成对农业的巨大危害，对农民收益影响巨大，所以问题解决类的在线科普课程就显得非常有必要，甚至在AI应用推广后，可以实现线上农业医生的功能，农户在种养上遇到问题的时候可以通过线上智能马上进行诊断与指南指导。

第三节　农民教育云平台的运营

一、农民教育云平台的推广

（一）线上推广

随着互联网时代的到来，线上对产品的推广和营销是这个时代很自然的一种选择，而且在线教育更是具备互联网的天然属性，此外线上推广具有影响力大而推广成本低的好处，特别是现在的农民用户也都普遍能用智能手机上网，所以好好利用互联网来进行推广会取得意想不到的效果，一般来说有以下几种推广方式：

1. 搜索引擎推广

搜索引擎推广就是通过搜索引擎优化、搜索引擎排名以及研究关键词的流行程度和相关性，在搜索引擎的结果页面取得较高的排名的营销手段。搜索引擎优化（SEO）对网站的排名至关重要，因为搜索引擎在通过Crawler（或者Spider）程序来收集网页资料后，会根据复杂的算法（各个搜索引擎的算法和排名方法是不尽相同的）来决定网页针对某一个搜索词的相关度并决定其排名。当客户在搜索引擎中查找相关产品或者服务的时候，通过专业的搜索引擎优化的页面通常可以取得较高的排名。其主要目的是让产品或公司在行业内搜索占据领先地位，是网站经营者的一种商业行为，将公司的排名在搜索结果前移，获得品牌最大收益，将产品推广出去。

国内外的搜索引擎非常多，但主要的、影响力最大的主要如国外（英文搜索引擎）的Google、Yahoo、Excite、AOL等，国内（中文搜索引擎）有Yahoo中文、百度、新浪、搜狐等。在国内，百度是全球最大中义搜索引擎，权威机构Alexa2023年全球网站排名结果显示，百度位列全球网站排行榜第6，覆盖95%的中国网民，每天接受数亿次搜索请求，所以在国内，搜索引擎推广中，百度搜索是大部分人（机构）的首选，百度有关键词推荐建议、方便的查询工具、及时账户提醒以及更多免费增值产品，从各方面帮助制定推广方案，提高管理效率；另外还有多种详细的统计报告，能客观呈现推广效果，分析优化要点，帮助优化推广效果。

2. 公众号推广

微信公众号是开发者或商家在微信公众平台上申请的应用账号，通过公众号，商家可在微信平台上实现与特定群体的文字、图片、语音、视频全方位沟通、互动，形成一种线上线下微信互动营销方式。特别是在微信已成为国民社交通信工具的情况下，农村用户也普遍通过微信公众号来获取个人感兴趣的知识与消息，所以利用公众号推广是很有效的营销手段。现在的公众号主要三种形式：一是订阅号，主要偏向于为用户传达资讯（功能类似报纸杂志，为用户提供新闻信息或娱乐趣事），每天可群发1条消息；二是服务号，主要偏向于服务交互（功能类似12315，114，银行固定服务电话等），提供绑定信息，服务交互，每月可群发4条消息；三是企业号，主要是企业管理内部员工使用的，要先录入企业成员的信息后才可关注，并非任何人都能扫码关注成功。对于公众号推广要注意以下几个方面内容：第一要注意公众号内容。订阅号可以每天推送内容，服务号只能每周推送。推送内容可以原创，也可以转载，内容上可以根据目标群体的兴趣有针对性地选择，多采取一些有吸引力的标题，或紧跟社会大事件去设计标题，通过吸引眼球的标题让用户群体能有兴趣或产生共鸣，从而点击进入查看具体内容。第二要注意公众号用户经营。要结合用户增长曲线和文章的阅读数、转发数等数据去了解用户群体，同时通过公众号与用户保持互动，让用户成为忠实粉丝，达到口碑相传的效果。第三要注意相关活动运营。可以采取转发积赞送礼或者是联合抽奖等方式，让更多的用户能留意或关注到公众号。

3. 网络广告推广

网络广告推广就是将产品或服务内容，通过网络广告的渠道形式投放或展示给网民的一种推广方式，网络广告的推广可以实现小投入大回报的效果。常见的推广主要是通过门户网站（如网易、新浪、搜狐等）、论坛、博客或一些流量大的广告联盟载体进行投放。比如百度营销中的百度推广，就是向企业提供的按效果付费的网络营销服务，其借助百度超过80%中国搜索引擎市场份额和60万家联盟网站，打造了链接亿万网民和企业的供需平台，让有需求的人最便捷地找到适合自己的产品和服务，也让企业用少量投入就可以获得大量潜在客户，来有效提升企业品牌影响力。再如腾讯广告，其通过腾讯公司海量的应用场景，拥有核心行业数据、营销技术与专业服务能力，多重推广能力，能比较高效实现营销目标。因为腾讯拥有覆盖超过11亿网民的微信、QQ、QQ空间社交用户场景，月活跃用户超过5亿的腾讯视频，国内安卓用户覆盖第一的应用宝和QQ浏览器、腾讯新闻、天天快报、腾讯体育等行业领先新闻资讯平台，使得在腾讯投放的广告有多方的广告平台和优质的流量资源。同时腾讯广告也提供了广告定向条件，可以从中选择适合达成商业目标条件的特定人群来投放针对性的广告。

4. 社交圈推广

社交圈推广就是借助社交软件特性，通过熟人关系圈将产品或品牌传播出去的一种推广手段。国内大部分网民使用的是新浪微博、腾讯QQ、微信这三大社交软件。特别是微信，随着中老年用户加入移动互联网，微信基本成为职业农民的通信社交软件。通过社交软件进行推广的好处主要有三点。第一是可以利用庞大的人际关系网，这三个社交软件的活跃用户量是非常大的，我们周边无论朋友还是陌生人或多或少都使用其中一个或多个社交软件，所以只要愿意花精力在软件社交圈去拓展，还是能取得不错的推广效果的。第二是软件社交圈的用户之间都有共同好友，在熟人和信任基础上发起的推广，潜在用户对产品和平台的信任度是比较高的。第三就是在社交软件上推广，操作起来很简单而且基本不需要成本。

（二）线下推广

线下推广是线上推广的补充，就是通过传统的方式来进行产品和平台的介绍与推广，比如礼品广告、派送会员卡的册子、发放现金抵用券、代理人、街头问卷调查、免费做名片业务、策划公益活动、与机构合作、做小区推广、做路边广告等。对于农业教育云平台来说，可以通过以下两种线下方式推广。

1. 地面推广

就是直接面对用户推广和介绍云教育平台，在地推中首先是要对目标群体分析锁定，在合适的场所中让用户使用云平台，直接感受和体验云教育的好处与平台的优势。比如在实施乡村振兴战略过程中，各省各地为了培养农村新型人才与干部，都有成立乡村振兴培训学院或基地，这些学校或基地都会承担农村干部培训或农民企业家、农业职业经理人等新型职业农民培训工作，在这些场合或场所直接进行推广和体验会取得不错的效果。不过在地面推广时，一定要合理地安排好相关人员进行正确与合适的操作引导，否则可能会因为不会熟练操作平台演示而导致相反的推广效果。

2. 展会推广

展会推广是一个有效的传统大型现场展示活动，也是一场隆重的品牌长期表演秀。展会推广是一项点线结合的营销活动，点在于其是一次展示品牌、接触客户的好机会；线在于其是对产品品牌的长期运作，通过现场培养客户对品牌和企业从好感、认可到合作的一个过程，而不是短暂地演示。国内比较有影响力的大型展会有中国进出口商品交易会、中国国际高新技术成果交易会等，这些都适合作为推广选择，当然可以更有针对性地选择重要的与农业相关的展会，比如说农博会，还有每年各省市地区的大型农业展会，再如中国国际农产品交易会、中国农业高新科技成果博览会、中国国际茶叶博览会等大型展会也是很好的推广机会和场所。

二、农民教育云平台的内容运营

无论采取多么先进的技术和再多的资源搭建的教育云平台，后续如果要让农民用户群体能长期持续地使用该平台，就必须依靠平台的内容支撑发展，所以必须做好平台内容运营，围绕平台的内容进行采集与创作、编辑与审核、推送与展现及修正优化等一系列提升平台产品价值的工作，一般来说分两部分来进行。

（一）前期工作

1. 准备工作

在内容正式运营之前，需要明确教学课程内容的来龙去脉和课程评价标准，所以在正式推送课程内容时要注意以下事项：第一，要清楚了解消费群体也就是农民用户的真实定位，了解其对云教育内容的真实想法和需求；第二，要确定课程内容的来源，来源创作者的版权要求以及其在农民群体中的知名度与受欢迎程度；第三，需要建立内容的标准，如何合理分类及展现方式等。

2. 内容设计

在准备工作完成后就要开始正式设计课程内容，此部分的工作应当围绕着前面准备的主题目标去进行，最好是要能设计成有一定剧情的课程内容，借鉴一些流行的短视频因素去构思，这样的课程内容才更有吸引力。如果能联合农民用户群体一起去设计内容定位就再好不过，只有做到设计周到，才能创作精美，最后创作出来的内容才可以吸引用户并进行内容分享，达到对课程内容和平台价值的自我传播目的。

3. 内容完善

在内容设计后就需要进一步对内容进行完善和充实，使内容能够满足更多用户群体的不同需求，为以后能吸引更多的用户，一般可以从以下几方面来实现：第一是在内容的类别和数量上进行扩展，刚开始内容要做精，到中后期内容就必须要考虑如何广泛满足不同需求；第二是从内容结构上进一步完善，可以对经典热门的内容进行专题推荐；第三是从内容细节上进行完善，比如从平台的启动页、详情页、用户信息等各方面去让用户更有获得感与便利感，提升平台的交互使用便利度。

（二）持续运营

1. 内容的推送

内容推送是将云教育平台的核心模块价值突出展现给用户，或者将精品课程内容推荐和发送给用户，有针对性地推送能与用户形成持续良好互动，保持用户对平台课程的兴趣与黏性。

在推送的渠道和形式上，可以分为平台内和平台外的推送方式，利用云教育平台内进行推送的方式，一般来说可以是消息中心、通知栏、首页推荐和弹窗。消息中心和首页推荐相对来说是最常用的方式，在平台设计的时候就可考虑到如何让此类功能发挥作用。使用弹窗形式推送内容需要慎重，因为这种方式很容易造成用户反感。在平台外的推送方式，一般有新媒体、手机短信或电子邮件。新媒体比如微信公众号、新直播媒体等，只要是用户流量大的方式都可以利用，还有手机短信和电子邮件也是比较常用的一种推送方式。

2. 内容的优化

课程内容上线后需要根据用户的反馈不断对内容进行优化，效果好的课程内容继续保留做成系列，并进行置顶和精品推荐。如果课程内容反应平平，就要分析原因，是内容偏离用户的需求，还是授课形式单一、教师教学方式缺乏吸引力，对于这部分课程应当重新审核内容，找到疏漏和不当之处进行修正，通过不断地优化来提升平台课程内容的吸引力。

3. 内容的更新

当云平台进入持续化运营阶段之后，就需要对内容或平台风格进行迭代更新，一方面可让平台课程增加吸引力，另一方面可以保持课程的新意，避免用户产生疲劳感。从课程内容来说，需要有不断推陈出新的课程，形成系列产品。从平台的UI（界面设计）上来说，要更新PC、APP等轮播图、版面布局，也可以借季节、节日、重大活动等情况来改版去贴合气氛，只有内容不断地更新，才能持续保持用户对平台的使用率。

三、农民教育云平台的用户经营

无论是推广还是课程内容运营，最终的目的都是为了用户，增加用户、留下用户和提升用户品质，其本质上都是属于用户经营。当然没有所谓的单独的用户经营，推广和课程内容运营都是为了让用户了解平台和课程内容，只有通过前面的步骤才能让用户感受到云教育平台的好处与优点，进而才能全面对用户进行后续经营。

（一）提升注册量

用户经营的第一步是思考如何提升用户在平台内的注册量，让更多用户加入到平台来进行体验与使用，其中有以下一些方法和技巧是适用的。

1. 免用户注册

很多用户在刚开始接触到新事物时，都会有种天然的抵触心理，如果还有用户注册后才可以用的这些步骤，大多数用户会选择不去尝试。因此提供用户可免注册完整体验的机会就很有必要，在用户正式注册前也可以全部体验试用平台功能，而且使用户体验使用后能有核心价值体会，一次好的亲身体验的效果比再多的产品说明与推广技巧都要好得多。

2. 提高在各软件市场展现的机会

一次好的平台产品展现机会，可以大大提升使用转化率，能吸引到的用户量自然会大大增多。现在有很多的安卓和ISO市场，如腾讯的应用宝、华为的应用市场、小米的应用市场、360的应用市场及苹果的APP市场，如能够在这些市场上注册账号并申请为开发者，通过了审核就可以上传软件安装包，通过后续的更新服务与用户体验，如能提高评分就可以获得更多用户关注与市场上展现机会。或者是在平台官网上，增加一些专门的下载与介绍页面，通过链接自动跳转到应用市场安装，这些都是可多方面提高平台的展现度。

3. 通过官方的推荐

在许多应用市场，是可以按照一定规则申请"官方"标签的，官方代表一种权威，可以获得用户的更多信任，可以瞬间提升应用在用户心中的初始印象。一般各开发者中心都会给出申请的条件或条款，只要按照相应的规则去申请即可，比如腾讯应用宝的申请官方规则如下：该应用具有软件著作权（需提供软件著作权证明，此项必备）；该应用具有注册商标权；该应用为独家代理（原创公司授予的授权书）；该应用具备原创公司授予的真实授权书；该应用有ICP备案的官方网站；应用经过Google play签名验证（需提供Google play的前后台截图证明）；其他能证明该应用所属的资质证明。

4. 简化登录方式

前面提到需要用户注册，毕竟还是需要填写信息与设密码这些步骤，所以怎样简化登录方式是必须要考虑的。一般来说，初始需填写的表单信息应尽量少，详细信息可后续再完善，比如仅凭电话号码或电子邮箱就可以完成全部注册，或者可以直接通过第三方账号登录，比如微信、微博、QQ或阿里账号等，在减少用户操作步骤的同时还能取得权威的身份认证。

（二）保留用户

用户注册后，开始使用云平台来进行学习，随着时间发展，可能也会放弃再使用，所以要保留用户长期使用是需要花时间去运营的，一般来说应注意以下方面：第一，预计用户可能流失的原因，通过各方面的用户资料调查与收集，能随时掌握用户的爱好、喜恶及相关信息去预防流失；第二，提升平台价值，让用户在平台不仅仅只是受到教育，而是全方面提升；第三，调动用户的积极性，通过各种方式加强与用户的交互性和提升内容的趣味性，能让用户有像与家人交流一样的自然亲切感。

（三）培养用户消费习惯

很多在线教育平台上，一些基础功能或部分课程内容是免费的，但一些高级功能或者是重点课程内容采取收费模式，也有一些平台为了吸引用户采取全免费策略，但如果没有盈利模式，全免费平台除非有政府资金一直支持，否则很难在商业竞争中生存下去，因此必须要培养用户消费的习惯，才能让云平台长期发展下去。一般来说，转换用户消费习惯可以采取以下方法：第一，养成小额消费习惯。刚开始部分课程免费，多数课程或功能采用小额消费设计，当一节课程收费很低的时候，很多用户都是愿意尝试的，通过这种措施会养成一定的消费习惯。第二，用奖励方式。通过充值奖励和代课程币，或通过分享与签到、邀请好友等互动或自我推广等多种方式奖励代币来提高消费欲望。①

【案例】

云上智农

（一）云上智农简介

云上智农是一个全国性的农业科教云平台的统称，其基于大数据、云计算和移动互联技术，聚集各类农业科技教育培训资源，为各级农业管理部门、农业专家、农技推广人员和广大农民提供在线学习、互动交流、成果速递和服务对接，其中云上智农是该大平台下针对农民用户的

---

① 吕森林. 玩转互联网教育［M］北京：人民邮电出版社，2016.

APP，是由农业农村部科技教育司会同中央农业广播电视学校、国家农业信息化工程技术研究中心和隆平高科信息技术（北京）有限公司一起联合开发推广的一个平台。其是一款农业综合信息服务应用，用户通过云上智农可以随时了解最新农业资讯，学习最新农业技术，还能寻求农业技术指导。云上智农软件提供农业学院专家指导，科学育农，涵盖生产、教学、专家指导、政企合作、技术培训等等，满足现代化农业需求。它还是全方位的农业综合服务平台，涵盖内容生产、课程教学、专家咨询、政企合作、产销对接等功能。教学视频比较多，涵盖种植、养殖、畜牧、园艺等多个农业领域。有专业解答，自有农业专家库，支持在线提问，也可以邀请专家解答农业生产中遇到的问题。同时其提供农业资讯推送，有最新农业头条，能让农户掌握市场动态。

（二）云上智农主要功能模块

1. 首页模块

首页的内容栏目可以根据情况进行设置与调整，其中主要是在推荐栏目将一些重要内容和时事热点进行推广，同时还分为视频、智慧植保、科普中国等热门栏目。另外可以通过点击右上角发表个人短视频、图文、长文、提问和发布产销等内容，还可以点击左上角进行所在地区切换。

2. 课堂模块

课堂模块提供在线学习的视频，课程基本都是公共免费的，主要来源是农广在线相关视频，同时可以通过分类与搜索查找相关联的视频，可以根据个人喜爱偏好推荐相关课程，也可以推荐最新课程内容，同时在滚动栏可查看最新消息或广告。

3. 社区模块

社区模块是为用户增加社交与交流的模块，其中有农业交流群、智慧农民和拜耳悦农堂等比较热门的文章内容交流，同时也有个人和机构的主题交流等。

4. 问答模块

问答模块就是用于解决问题的模块，搭建农民、专家、农技人员的社交圈，每个用户都可以在上面提出问题，相关领域的专家与技术人员会在上面回答问题，以便帮助农民用户解决问题，可以按全国、热门和个人关注问题分类搜索相关内容。

5. 个人管理模块

个人管理模块主要针对个人学习、发布和推广这些功能，具体有为鼓励使用赠送智农豆（通过签到、浏览和评论等行为都可以获得）可以自己发布短视频和跟踪课程记录，还可以记录收藏感兴趣的文章，此外还能反馈与联系平台服务人员。

亿农圈

（一）亿农圈简介

亿农圈云平台由三农圈（广州）云科技有限公司所开发，是在国家基金项目下所孵化出来的平台，其汇聚大农业领域的专家教授、行业精英，整合面向"三农"的知识、技术和优质资源，为农业产业提供系统化服务。公司致力于打造贯穿农业产业链的新型服务平台，打通农业产前、产中和产后的全程服务，助力乡村振兴。平台的后台用户能通过后台的操作与维护，保证小程序端的数据正常与系统的正常运行，完成用户系统管理、菜单与分类管理、论坛管理以及农学圈、农友圈、农咨圈的信息管理功能，专家与企业的课程与资源信息管理功能。

（二）亿农圈主要功能模块

1. 前端平台

亿农圈在线教育平台，前端的登录方式有两种，一是公众号链接登录，二是小程序端登录，两种登录方式都非常方便，登录后功能模块一样，数据是相通的，所以只要注册后都可以同时使用。公众号登录，只需要搜索"亿农圈"后，关注公众号，点击课程菜单即可跳转到亿农圈的教育在线平台。

小程序登录就是通过微信的小程序搜索"亿农圈"，点击后即可进入小程序前端首页。

无论是哪种登录方式，进入后都有以下几种功能模块。第一个是农学圈，主要是为提升农民学习教育，分为免费音频、免费视频和收费视频，专注专业技术教育。

第二个功能模块是农友圈，其主要是农民同行交流平台，有论坛互动、加圈交流、短视频评选、农业达人排行榜、大咖直播等功能。

第三个功能模块是农咨圈，主要侧重农民现实问题解决，有专家资源、技术资源、管理资源和企业农资相关资源等信息提供与咨询。

2. 后端平台

亿农圈后端平台是为亿农圈小程序数据管理与信息管理的项目。平台软件是依靠PHP、JS和HTML技术搭建的在网络服务器上的应用管理信息系统，其主要是负责小程序端的农学圈、农友圈和农咨圈的信息分布与相应的管理功能。通过在对应网址输入账号密码后，可以进入亿农圈后端平台的管理界面，其主要分为以下应用模块：系统设置、菜单设置、轮播图片、分类管理、论坛管理、农学圈管理、农咨圈管理、农友圈管理、专家平台管理、企业平台管理。

其中，系统管理功能应用于系统用户管理、设置权限、用户管理、配置管理、反馈意见收集。菜单管理功能主要对后台相应的菜单进行操作修改与增加。轮播图片管理功能主要对小程序端的首页图片与论坛显示图片进行增加与修改管理。分类管理功能主要对小程序端的显示的课程分类与论坛分类进行修改、增加与删除。论坛管理功能主要对小程序端的论坛相关内容进行修改、增加与删除。农学圈管理功能主要对小程序端的农学圈对应课程音频、视频进行修改与增加。农咨圈管理功能主要是在小程序端的农咨圈里进行相关信息的发布、修改与增加。农友圈管理功能主要是在小程序端和微信H5页面的农友圈对应群组里进行相关信息的发布、修改与增加。专家平台管理功能主要对分配给专家的针对性课程与视频进行相关信息发布、修改与增加。企业平台管理功能主要针对分配给企业的资源进行相关信息发布、修改与增加。

本章小结

1. 教育云平台就是利用互联网和互联网技术，结合多媒体等多种交互手段整合教育资源内容，进行线上教育和互动的新型教育应用服务平台。本章在教育云平台的框架上，从云基础、云资源与云应用三个方面，把专家、农民与农技结合在一起，从而构建适合农民教育特点的线上新型教育平台。

2. 云平台具有如下优势：突破时间与地域的限制、促进教育的分配公平、使政府资金利用更合理等。云平台具有如下劣势：农村基础网络设施不够完善、农村缺乏网络技术的人才、农民自我学习控制能力弱、不能现场指导与沟通等。

3. 农民教育云平台的工具与技术包括了云服务器、云平台开发工具与技术和云课程制作相关工具与技术。

4. 农民教育云平台的功能模块包括了应用前端基本功能，如个人用户管理模块、课程管理模块、课程教务管理模块；应用后台基本功能，如系统设置和维护、权限身份控制、计费管理、安全管理、公告及通信管理、数据备份。

5. 农民教育云平台搭建的要件包括了师资、课程和平台管理系统。

6. 农民教育云平台的课程设置包括了技术类、通识综合类和问题解决类。

7. 农民教育云平台的运营包括了农民教育云平台的推广、内容运营和用户运营。其中，推广包括了线上推广和线下推广。内容运营包括了前期工作和持续运营。用户运营具有如下步骤：提升注册量、保留用户和培养用户消费习惯。

第八章

农民在线教育保障体系

农民在线教育是一个交叉知识领域，涉及农民教育、在线教育、终身教育，因此，农民在线教育的保障体系是一个系统而又复杂的工程。农民在线教育需要从政策、法律法规、技术三个方面予以保障。

政策保障包括党的宏观政策、财政政策，其中，党的宏观政策明确农民在线教育的基本原则和方向；而财政政策确保农民在线教育能够实施。法律法规将使农民在线教育的实施原则和主体内容更加明确，其中行政法规主要规定农民教育的协调性问题，统筹各部门的职能；部门规章及地方政府规章是农民教育政策的主要载体，主要规范农民在线教育实施的内容、原则、过程、程序、方法、方式等具体问题。技术保障则确保农民在线教育有效运行。

弗雷塔斯和滕泽尔曼对英法两国二十多年来颁发的149项政策规划进行了分析，提出"政策三维框架理论"，即从政策的知识目标、支持类型和政策执行三个维度来解释政策的架构。[①]知识目标维度分为垂直型和水平型，前者侧重于开发新的知识，后者主要关注最佳实践的扩散。支持类型维度包括特定和一般性管理支持，前者用以支持发展企业特殊能力。

农民在线教育政策的分析也可应用"政策三维框架理论"，看看不同政策工具对于农民在线教育究竟起什么作用，以及不同主体对于农民在线教育发展的立场和责任是什么。现阶段农民在线教育的主体包括各级政府，以中央农业广播电视学校、高等农业院校等为代表的各类学校，以亿农圈、天天学农等为代表的在线教育企业。

在知识维度上，学校更多侧重于垂直型知识目标，开发新的技术手段和知识内容，引领技术进步的潮流；而政府更关注水平型知识目标，注重优质教育资源在整个社会的流动。

在支持维度上，学校和企业都能提供特殊的知识和技术支持，同时向社会扩散，而政府提供一般性的政策支持。

在执行维度上，政府负责全局性规划，属于中央执行层；而企业和学校

---

① Bodas Freitas, Isabel Maria and Nick von Tunzelmann, "Mapping Public support for Innovation:A Comparision of Policy Alignment in the UK and France," *Research Policy 37*, 9（2008）: 1446-1464.

属于地方性执行机构，在执行维度上，学校可以分别与企业、政府展开合作，可以承接政府项目（如图8-1）。

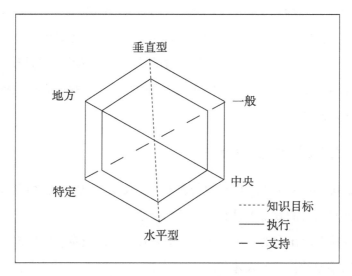

图8-1　政策分析三维框架

从上面的分析可以看出，政府、学校和企业在各个政策维度上都发挥着各自的作用与影响，同时三者相互配合、相互作用。但是，政府在执行维度上的作用是全局性规划与布局，是学校和企业外部公共政策的制定者，是农民在线教育的保障，包括政策保障、法律保障和技术保障。

第一节　政策保障

农民在线教育的政策保障包括三个方面，一是农民培育方面的政策，二是在线教育方面的政策，三是终身教育方面的政策。

一、农民教育政策现状

农民教育是一项重大的教育工程，也是利在千秋的伟大事业，在这项重大教育工程和伟大事业中，政策的支持是非常必要的，也是极为重要的。我国一直非常重视农业，对农民以及农民教育的认识在逐步提高。下面从党和国家关于农民培育的政策、文件和农民在线教育的政策以及我国农民教育政策经验三个方面予以阐述。

（一）农民培育相关政策梳理

梳理2005年以来关于农民培育的政策可以发现，政府不仅培育农民的力度在提高，而且出台的政策也具有连贯性和延续性。

2005年国务院出台的《关于大力发展职业教育的决定》中提出，"要大力培养农村实用型和技能型人才"。

2005年，农业部出台的《关于实施农村实用人才培养 "百万中专生计划"的意见》中首次提出，"培养职业农民的具体要求"。

2006年中央一号文件《中共中央 国务院关于推进社会主义新农村建设的若干意见》提出，"加快发展农村社会事业，培养推进社会主义新农村建设的新型农民"。

2007年中央一号文件《中共中央 国务院关于积极发展现代农业 扎实推进社会主义新农村建设的若干意见》提出，"培养新型农民，造就建设现代农业的人才队伍"。

2007年，中共中央、国务院发布的《关于加强农村实用人才队伍建设和农村人力资源开发的意见》中提出，"要加强农村人力资源开发和农村实用人才队伍建设"。

2008年中央一号文件《中共中央 国务院关于切实加强农业基础建设 进一步促进农业发展农民增收的若干意见》提出，"大力培养农村实用人才。组织实施新农村实用人才培训工程，重点培训种养业能手、科技带头人、农村经纪人和专业合作组织领办人等。加快提高农民素质和创业能力，以创业带动就业，实现创业富民、创新强农"。

2008年，中共中央颁布的《关于推进农村改革发展若干重大问题的决定》中提出，"要求加速发展农村中等职业教育，并逐步实行免费政策"。

2009年中央一号文件《中共中央　国务院关于2009年促进农业稳定发展农民持续增收的若干意见》提出，"加快农业科技创新步伐。开展农业科技培训，培养新型农民"。

2010年中央一号文件《中共中央　国务院关于加大统筹城乡发展力度　进一步夯实农业农村发展基础的若干意见》提出，"建立覆盖城乡的公共就业服务体系，积极开展农业生产技术和农民务工技能培训，整合培训资源，规范培训工作，增强农民科学种田和就业创业能力"。

2010年，中共中央、国务院颁布《国家中长期教育改革和发展规划纲要（2010—2020年）》中提出，"加快发展面向农村的职业教育"。

2011年，教育部等九部门联合颁布《关于加快发展面向农村的职业教育的意见》，该意见分析了当时农村社会经济发展的现实需求，进一步提出全面推进面向农村职业教育发展的改革意见。

2012年中央一号文件《中共中央　国务院关于加快推进农业科技创新　持续增强农产品供给保障能力的若干意见》提出，"大力培育新型职业农民，对未升学的农村高初中毕业生免费提供农业技能培训"。"新型职业农民"首次在中央一号文件中提出，为了进一步规范新型职业农民培育、推进新型职业农民培育工作的健康发展，中央各部委及地方各级政府随后也出台了一系列政策。

2013年中央一号文件《中共中央　国务院关于加快发展现代化农业　进一步增强农村发展活力》提出，"大力培育新型农民和农村实用人才，着力加强农业职业教育和职业培训"。

2013年，《农业部办公厅关于新型职业农民培育试点工作的指导意见》（农办科〔2013〕36号）文件中，把"职业农民"界定为以农业为职业、具有一定的专业技能、收入主要来自农业的现代农业从业者。

2014年中央一号文件《中共中央　国务院关于全面深化农村改革　加快

推进农业现代化的若干意见》提出，"全面深化农村改革，加快推进农业现代化，加大对新型职业农民和新型农业经营主体领办人的教育培训力度"。

2014年，《国务院关于加快发展现代职业教育的决定》（国发〔2014〕19号）提出，"把新型职业农民的培育和发展纳入国家粮食安全保障战略体系"。

2014年，教育部、农业部《中等职业学校新型职业农民培养方案》明确了我国以中等职业学校为主的新型职业农民培养模式。该政策的颁布标志着我国新型职业农民教育迈上了一个新的台阶，农民教育在国家层面开始被纳入职业教育的范畴。

2015年中央一号文件《中共中央 国务院关于加大改革创新力度 加快农业现代化建设的若干意见》提出，"积极发展农业职业教育，大力培养新型职业农民，提高农民综合素质"。

2015年，教育部颁布《职业教育与继续教育2015年工作要点》，进一步明确提出，"要推进农业职业教育，培养新型职业农民"。

2016年中央一号文件《中共中央 国务院关于落实发展新理念 加快农业现代化 实现全面小康目标的若干意见》提出，"将职业农民培育纳入国家教育培训发展规划，基本形成职业农民教育培训体系，把职业农民培养成建设现代农业的主导力量"。

2017年中央一号文件《中共中央 国务院关于深入推进农业供给侧结构性改革 加快培育农业农村发展新动能的若干意见》提出，"从推动农业供给侧结构性改革出发，重点围绕新型职业农民培育、农民工职业技能提升，整合各渠道培训资金资源，建立政府主导、部门协作、统筹安排、产业带动的培训机制"。

2017年，教育部颁布《"十三五"全国新型职业农民培育发展规划》，提出，"加快培育新型职业农民，造就高素质农业生产经营者队伍，强化人才对现代农业发展和新农村建设的支撑作用"。

2018年中央一号文件《中共中央 国务院关于实施乡村振兴战略的意见》提出，"通过全面建立职业农民制度、实施新型职业农民培育工程等措施大力培育新型职业农民"。

2018年，农业农村部、财政部颁布《做好2018年农业生产发展等项目实施工作》，提出，"确保新型职业农民培育工作的要求落到实处、取得实效"。

2019年中央一号文件《中共中央　国务院关于坚持农村优先发展　做好"三农"工作的若干意见》提出，"实施新型职业农民培育工程，培养懂农业、爱农村、爱农民的'三农'工作队伍"。

2019年8月19日施行的《中国共产党农村工作条例》明确提出，"要培养一支有文化、懂技术、善经营、会管理的高素质农民队伍，造就更多乡土人才"。

2020年中央一号文件《中共中央　国务院关于抓好"三农"领域重点工作　确保如期实现全面小康的意见》提出，"要推动人才下乡。培养更多知农爱农、扎根乡村的人才，推动更多科技成果应用到田间地头。畅通各类人才下乡渠道，支持大学生、退役军人、企业家等到农村干事创业。整合利用农业广播学校、农业科研院所、涉农院校、农业龙头企业等各类资源，加快构建高素质农民教育培训体系"。

2021年中央一号文件《中共中央　国务院关于全面推进乡村振兴　加快农业农村现代化的意见》提出，"培育高素质农民，组织参加技能评价、学历教育，设立专门面向农民的技能大赛"。

2022年中央一号文件《中共中央　国务院关于做好2022年全面推进乡村振兴重点工作的意见》提出，"实施高素质农民培育计划、乡村产业振兴带头人培育'头雁'项目、乡村振兴青春建功行动、乡村振兴巾帼行动"。

通过对上述农民培育政策文件的梳理，可以进一步了解农民培育政策的变迁特征，也可以看到农民培育政策的成效及政策实施的不足。

（二）农民在线教育政策现状

农民在线教育从远程教育发展而来，对大多数农民来说，在线教育是新鲜事物，要让农民知道并接受在线教育并不是一件很容易的事情。在线教育需要利用移动设备，例如手机，以及一些APP、小程序等，很多农民不会使用，也不习惯使用。另外，谁来开发课程，教师的费用、系统的运营费用谁来承担等等都是问题，而且都需要有政策规定。因此，自2015年以来，有关农民在线教育的一些政策相继出台。

国务院《关于加快转变农业发展方式的意见》（国办发〔2015〕59号）中提出建设农业科技服务云平台。2015年农业部出台了《国家农业科技服务云平台建设方案》，农业部和部分省区的农民培育云平台开始筹建，例如全国农业科教云平台、农技耘、湘农科技云等。自2015年以来，关于云平台的运行机制和政策保障受到了学者们的关注。学者们对农民培育云平台建设和实际运行中出现的问题进行了研究，例如信息化基础设施不完善（张裕馨，2015）、信息平台的大数据挖掘利用率不高、平台服务与农民的实际需求存在差异（付倩等，2017）、农民获取信息的意识与能力不强（孙少宁等，2015）。新型职业农民培育云平台需要建立分级管理机制、健全激励考核机制、探索多元化运营机制。同时，新型职业农民培育云平台的运行还需要法律保障、资金保障和人才保障（黄河啸，2017）。与其他领域的信息化相比，农村地域广袤，行业门类众多，农业生产的不可控性较强，农民整体科学文化素质相对较低，加之城乡"数字鸿沟"拉大等客观因素，决定了农业信息化建设是一个艰巨而复杂的过程。云平台的建设也充分考虑了这一点，由于各地的农业发展情况不同，农民对农业信息的需求也不一样。因此，农业部推行的是部、省、市、县、乡五级互联互通、业务联动、分类分级进行云平台建设。中央主要是整合资源，建立专业信息采集队伍，组织专家和发布政策信息，是一个调度平台。各地农业行政主管部门则负责地方云平台的建设与推广，提供具体的适合地方发展的信息服务内容，打通农技入户的最后一米。

2019年9月，教育部等十一部门联合印发《关于促进在线教育健康发展的指导意见》（教发〔2019〕11号），文件强调了在线教育是运用互联网、人工智能等现代信息技术进行教与学互动的新型教育方式，是教育服务的重要组成部分。发展在线教育，有利于构建网络化、数字化、个性化、终身化的教育体系，有利于建设"人人皆学、处处能学、时时可学"的学习型社会。同时文件进一步指出要强化扶持在线教育发展的政策体系。

（三）我国农民教育政策经验

我国新型职业农民教育培训的政策经验，是国家对新型职业农民培育的顶层政策设计和地方"摸着石头过河"的政策实践有机结合的产物。国家从发展现代农业的战略高度，对新型职业农民教育培训进行了顶层设计，体现的是一种全局性、战略性思维。但是，新型职业农民教育培训毕竟是一种新事物，如何具体组织开展新型职业农民教育培训工作，需要地方政府充分发挥积极性、创造性，在"摸着石头过河"的试错中去积累"战术经验"。我国新型职业农民教育培训政策经验的取得，依赖于国家和地方紧密的政策互动。同时，正视存在的各种政策问题，并在创造性地解决问题的过程中，不断形成新的政策经验。

（1）党和政府立意高远，始终站在国家长远发展的战略高度，对新型职业农民教育培训政策进行顶层设计。这是我国新型职业农民教育培训发展的首要政策经验。

（2）充分发挥地方政府在新型职业农民教育培训政策实施中的创造性、积极性。

（3）在国家政策的指引下，各级地方政府纷纷制定了地方性的新型职业农民培育方案，以"工程（计划、项目）实施"方式，组织开展了本地区的新型职业农民教育培训工作。

（4）坚持政策试验先行，"由点到面"稳步扩大新型职业农民教育培训规模。

二、发达国家农民教育政策及其借鉴

（一）发达国家的教育云政策

1. 美国的教育云政策及发展

美国政府在发展教育云的过程中，先后制定了一系列相关规划和政策。2011年，美国发布《创建高等教育云》白皮书，启动了教育部数据中心整合计划和北卡罗莱纳州教育云，计划从技术研究、平台推广和设施建设等环节全面推动云计算在教育中的应用。同年，由美国教育部教育技术办公室发布的研究报告显示，绝大多数地区都已制定了教育信息化发展规划，移动学习技术逐渐成为各地区优先发展的领域。在教育云产品应用方面，美国也取得了众多成果。

2. 日本和韩国的教育云政策及发展

2010年，日本总务省推行了"未来学校推进项目"，委托内田洋行在西日本进行了实证实验，开设了"内田教育云服务"，积极推进了教育ICT发展。随后，日本电气与长冈科技大学等全国51所国立高等学校的55个校区合作搭建了图书馆云平台系统，该系统利用云服务使师生可以共享各校的藏书和电子资料，实现了小规模图书馆业务的多样化和效率化。[①]

韩国的教育信息化从1996年开始起步，经历了五个发展阶段：国家教育骨干网络的建立、校园网和硬件设施建设、E-Learning支撑环境建设、U-Learning支撑环境建设和SMART教育支撑环境建设，推动了教育云在信息化教育中的普及与应用。韩国于2011年又提出了智能教育推进战略，为实现这一计划投资超过20亿美元，进一步明确了教育云在智能教育中的应用支持作用。韩国在2015年通过架设云计算网络系统基本实现中小学生课本的数字化改造和网络辅助教学。

3. 法国和德国的教育云政策及发展

法国政府通过项目资助和加大科技企业扶持的方式，带动云计算的发展。2009年12月，法国政府宣布启动"未来投资计划"，预计总投资3500亿欧元，用以推动法国尖端技术领域的创新，在该计划的框架下，法国政府为保障其云计算数据的安全，整合了法国数字经济的主要参与者，打造了自主产权的云计算项目。2011年，法国又启动了高等教育云信息项目，用以支持教育云在高等教育中的发展。

2006年，德国成立创新与增长咨询委员会，制定了高科技战略以推动高科

---

① 工业和信息化部电子科学技术情报研究所. 世界信息化信息第十二期（总第19期）[EB/OL].[2011-12-18].

技研究及应用，促进就业增长，实现经济和社会的可持续发展。2009年，德国制定了《信息与通信技术2020创新研究计划》，将电子、微系统、软件系统、通信技术与网络确立为未来十年德国信息技术发展的重点领域，强调要推动云计算技术发展，构建全国互联互通的智能网络。2010年，德国联邦政府发布了由德国联邦经济技术部编制的《信息与通信技术战略：2015数字化德国》，该《信息与通信技术战略》面向2015年为实现"数字化德国"的目标规划了发展重点、主要任务和相关研究项目。[①]

4. 对我国教育云政策的启示

自2003年我国引入云计算以来，对云计算基础概念和技术开发的研究日益增多。2008年2月，我国第一个云计算中心在无锡太湖建立。2008年12月，在中国教育技术协会年会上，黎加厚教授首次提出"云计算辅助教学（CCAI）"及"云计算辅助教育（CCBE）"的概念。2009年，我国教育技术协会开始在全国教育领域内开展"云计算辅助教学"案例评选活动，并于同年5月在上海举办了全国首届"云计算辅助教学高级培训"活动。继此次培训后，我国各地中小学开始逐渐实行云计算辅助教学，取得了越来越多的教学成果。[②]我国国家教育云服务平台建设已作为教育信息化基础能力建设的重要内容之一列入教育部《教育信息化十年发展规划（2011—2020年）》，并明确将教育资源服务和教育管理信息化作为教育云的两大主要发展方向。在科技部2012年6月发布的《中国云科技发展"十二五"专项规划（征求意见稿）》中，教育被列为国家云建设的重要示范领域之一。教育部和财政部2012年联合启动了"高等学校创新能力提升计划"，旨在通过构建协同创新的新模式，大力提升高等学校协同创新能力，教育云可以有效提高其聚集创新要素和资源的效能，促进协同创新计划的实施。

---

① 德国发布《信息与通信技术战略》［J］. 中国信息化，2011（5）：14.

② 袁磊，程美，刘丹等. 我国云计算教育应用的现状与发展趋势［J］. 现代远程教育研究，2011（6）：42-46.

（二）发达国家的农民教育政策

不仅不同国家的农民教育政策不同，而且在农业发展的不同阶段农民教育政策也不尽相同。目前我国农业正处在从"以机械化为主的小型规模化农业"向"以信息技术和自动化装备为主的自动化农业"的过渡阶段，因此，选取美国、日本和法国等三个国家在进入农业现代化这个特定阶段的农民教育政策进行比较，以期通过发达国家这一阶段的农民教育政策比较为我们带来一定的借鉴意义。

1. 美国的新型青年农民高素质发展计划

美国农业补贴政策在分配上极不平均，加大了农民进入农业领域的壁垒，农民日益老龄化成为农业发展的新约束。另外，2008年美国进入经济衰退期，农业出口成为美国经济恢复的主要动力之一，农业的产业竞争力亟待增强。为此，政府在进入农业现代化发展阶段（1992年至今）提出了新型青年农民高素质发展计划。该计划的内容：一是在赠地大学项目设立奖学金计划，旨在帮助对农业事业感兴趣的学生。2014—2018年间，美国每年支出8500万美元用于农村人才培养，用于支付新农民参加公立人才培养课程的学费和培训补助。二是政府提供特色农作物科研与教育推广经费，鼓励发展有机农业，为新农民开辟新的农业产业领域。农业推广网站与大学合作讲授有机农业知识，农民可在网上向有机农业专家进行提问。

2. 日本的职业农民社会支持体系

日本进入农业现代化发展阶段（1995年至今），为了振兴乡村、提高农产品在开放市场下的竞争力，政府进一步完善职业农民社会支持体系，通过农地三法完善相关制度，调整农业生产结构，走特色产业振兴型乡村发展道路，推进六次产业化，把农村人才培养放在重要位置。重视发挥农协的作用，依托农协资源为农民提供指导，开办农业人才培训讲习班，增加农户间的作业互助；并且逐步允许以农民为大股东的公司法人进入农业领域，鼓励提升土地规模和规模效益。与上一阶段重点提升农民生产能力不同，这一阶段的支持体系，在进一步完善法律体系的基础上，改善农村环境，引入工商资本，提高社会化服务水平，以帮助农民适应市场环境，进一步提升职业农民的经营能力。

3. 法国的职业农民终身学习制度

法国除了建立起高效、多层次、多元化的高校农业教育、农业职业技术教育和农民再教育体系，在进入农业现代化发展阶段（1993年至今），还建立起职业农民终身学习制度。为了使职业农民适应不断创新的农业技术和生产方式，政府建立了长效的农民终身学习体系，农民根据实际生产需求每年要接受两周的农业科技培训。另外，职业农民培育的重点放在乡村薄弱地区，因地制宜培育职业农民，并为面临人口稀少和社会经济结构转型难题的农村地区提供针对职业农民创业的长期税收优惠政策。同时，注重培育年轻农民。2009年颁发的新条例鼓励青年到农村就业，为农业生产经营活动提供专业技能帮助和生产经营指导，为学农的学生、退休农民提供补贴。2017年法国农业部的财政预算有三分之一用在了农业教育上，1975—2015年间学习农业的学生增长了近70%。

（三）可借鉴之处

发达国家在农民培育方面的政策主要表现在：

第一，政策支持力度大，例如，2014—2018年间，美国每年支出8500万美元用于农村人才培养，2017年法国农业部的财政预算有三分之一用在了农业教育上。自党的十九大提出乡村振兴以来，我国关于农民教育的政策不断完善，政策支持力度越来越大，对农民教育的投资力度也越来越大。

第二，政策具有连续性和超前性，上述三个案例中的农民教育政策，都是进入农业现代化阶段的政策，是对前面阶段政策的延续与发展。

三、农民在线教育政策建议

（一）加大对农民在线教育的财政支持力度

目前对农民教育的财政支持主要偏向线下教育，而对在线教育的财政支持力度很小。国务院《关于加快转变农业发展方式的意见》中提出，建设农业科技服务云平台，提升农技推广服务效能。时至今日，随着"互联网+"时代的到来，越来越多的农民憧憬着能享受到"互联网+农业科技"带来的便捷，早日走上科技致富的道路。农民在线教育需要大量的投入，究竟谁来付这个费用是个关键问题。像其他市场一样由企业供给在线教育服务，农民自行购买。市场三要素包括购买者、购买力和购买欲望，目前农民在线教育这个市场还不成熟，目标购买人口是足够大的，但购买力不大，购买欲望也不强，需要经过一段时间的市场教育和习惯培育。农民在线教育这个特殊的市场在这个特殊的阶段，农民在线教育费用获取途径还是财政资金为主，以社会资金为辅。当然，随着未来农民在线教育这个市场逐步成熟，社会资金应该是投资主体。因此，现阶段各地政府部门需要完善政府购买农民在线教育资源与服务的相关制度，将农民在线教育资源与服务纳入地方政府购买服务指导性目录。统筹利用现有资金渠道，加强农民在线教育平台建设与示范应用。

（二）鼓励和引导社会资金参与农民在线教育建设

农民在线教育是一个庞大的工程，前期需要大量的投入，全部由国家财政资金来建设，势必建设速度缓慢，如果能调动和引导社会资本参与农民在线教育，农民在线教育将得到快速发展。但是，前期农民在线教育很难盈利，不被风险投资资金看好，需要国家给予政策支持。国家目前已经成立政府引导资金和农业供给侧改革基金，但是基金也不看好农民在线教育，大多倾向于投资成熟的实体农业企业。建议政府可以成立专门的农民教育基金，引导社会资本参与。鼓励金融机构开发符合农民在线教育特点的金融产品，利用多种融资渠道，支持农民在线教育发展。充分发挥在线教育专业化机构的市场灵敏度，建立在线教育机构与各级各类学校资源共建共享合作体系，充分挖掘在线教育机构的优势和学校线下教育的资源，实现线下教育与在线教育的深度融合，提升教育质量，建设终身学习型社会。

把在线教育上升到一个产业的层面加以经营，将农民在线教育产业纳入乡村振兴战略中加以扶持，利用互联网的思维、技术和服务来革除传统农民教育的弊端，升级农民教育产业。要鼓励支持农业大学与在线教育企业协同创新，使农业大学的教育、科技、人才、文化优势和在线教育企业的资本、市场等要素相结合，实现优势互补、共同发展。要鼓励和支持农民在线教育创业企业，从人力资源、资金、信息、税收、行政审批等方面提供支持，促使其加快发展，以满足不同类型农民的多样化、个性化学习需求。

（三）建设并完善农民在线教育认证体系

农民不再是身份，而是职业，这个观点应该得到全社会的认同。既然是职业，就需要有职业的标准和认证体系。目前，农民作为一门职业的标准还不健全，认证体系也还没有建立。因此，急需要建立农民职业的标准和一套相适应的认证体系。在建立标准和认证体系的过程中，需要纳入在线教育，农民在线学习的课程也能得到认可和认证，这样才能引导农民在线学习。

农业要成为一个有希望的幸福产业，首先得让干这一行的职业农民有成就感和幸福感。过去的农业是粗活、累活、脏活，干不了其他行业的人才干农业，但是未来的农业需要专业技术人才，农民这个职业也需要准入门槛和准入制度。既然有职业标准，就需要有职业教育以及相应的职业教育政策。

农民职业资质与准入体系的建立是一项系统工程，这项系统工程与农民教育政策息息相关。农民教育政策的未来发展是要保证农民教育能够在国家教育体系中占有一席之地，提升农民教育在国民教育中的地位，有必要单设农民教育体系，或是将农民教育纳入国民教育系列。唯其如此，才能保证农民教育政策和农民教育实践的良性发展和互动。

2019年10月，国家人力资源和社会保障部联合农业农村部印发《关于深化农业技术人员职称制度改革的指导意见》，提出建立符合农业技术人员职业特点的职称制度，激发农业技术人员创新创造活力，培养造就素质优良、结构合理、充满活力的农业技术人员队伍，为推进实施乡村振兴战略、加快实现农业农村现代化提供有力的人才支撑。

（四）鼓励农民线上与线下教育相融合

线下农民培训和线上培训各有优势与不足，线下农民培训的体验感、互动性更强，但是，对于政府来讲，财政投入较大，对于农民，学习成本太大，而且受时空限制，教育培训的普及面还不广。线上培训突破时空限制，既为政府节省财政支出成本，也为农民减少学习成本，而且扩大了教育的普及面，但是，线上教育缺少师生之间、学员之间的交流互动，对农民的吸引力下降。这也就是为什么现在很多网上课程没有农民点击学习的原因之一，哪怕是免费的，很多课程仍然被闲置，这对本来就稀缺的教育资源来说，是一种浪费。因此，政府应根据线上和线下培训的特点和优势，重点支持和引导线下培训机构与农民在线教育机构合作，在设置农民培训政府补助项目时，应向两者融合发展的方向引导。

鼓励农业专家、农技推广人员、培训机构、培训教师利用云平台开展指导服务。加强内容资源开发建设，以职业素养、农业绿色发展、农产品质量安全和农村生态环保等主题为农民学员量身打造一批精品课程。支持各地组织农民在线学习，探索线上线下融合培训模式，以从事生产经营的农民为主要对象，利用云平台开展在线学习，不断提升在线课程比重，通过政府购买服务方式支付在线学习费用。

要处理好在线教育与线下教育的关系，既注重利用在线教育开展量大面广的知识普及、全面提高农民科学文化素质，又注意依托线下教育强化农民的能力素质培养、着力提高农民教育质量，同时借鉴在线教育的一些新理念、新做法，推动线下教育的改革创新。以农民在线教育发展为契机，从政策上把农民培训、高等农业教育、继续教育、终身教育等不同类型的相关涉农教育统筹起来，改变目前农民教育模式单一、教育资源分散的局面。

（五）结合他组织，推动农民在线教育自组织发展

组织是指要素按照一定的规则构成某种有序结构的系统，自组织和他组织（或被组织）是自然界和社会组织化中的两类机制和现象。[①]一切社会系统

---

① 沈筱峰，吴彤，于金龙. 从无组织到有组织，从被组织到自组织［J］. 自然辩证法研究，2013（1）：122–126.

都是自组织和他组织的结合体。二者的区别在于，组织力或组织指令来自群体内部还是来自群体外部，如果组织力来自群体内部的就是自组织，反之，如果组织力来自群体外部的就是他组织。农民在线教育这个领域自组织的共同特点是：以互联网技术作支撑，具有"草根服务"的自发性。所谓"草根"即普通平民，是与传统精英阶层相对应的概念。"草根服务"作为一种与传统服务模式不同的新服务模式，主要指由平民发起的服务模式，这种模式通常不是在政府和上级机构的干预下形成的。

农民在线教育的发展需要更多的自组织产生，自组织产生的前提是教育系统存在多样性和差异性，特别是系统内部的多样差异性。这种多样性和差异性的教育要素会在资源、教育、教学等各个环节产生出大量的自组织。例如亿农圈、天天学农、农医生、蔬菜卫士等等。

因此，政府在农民教育信息化的规划中，应充分认识到农民在线教育自组织的重要性，将自组织的开放性和他组织的保障性相结合，利用他组织的干预撬动自组织的能量，由他组织启动为自组织的发展创造好的环境和制度鼓励，这将成为农民教育改革巨大的力量，会起到事半功倍的作用。

（六）优化农民教育云发展的产业政策

由于中国有5.89亿的乡村人口，农民在线教育是一个很大的产业，也是一个千亿级市场。为了激活这个庞大的产业，政府需要优化农民教育云发展的产业政策。目前农民教育云主要是政府主导建设，例如全国农业科教云平台、云上智农APP等。同时，地方政府也建有区域性的农民教育云，例如湘农科教云。从目前运营的情况来看，无论是国家级农民教育云平台，还是地方性农民教育云平台，资源利用率不高，运行效率也不高。因此，建议地方性农民教育云建设依然坚持政府主导，但不鼓励地方政府自建自运营地方性教育云平台，而应该在政府的组织推动下，采取市场化手段，由专业化的农民在线教育企业提供有偿服务。要充分发挥市场在资源配置中的决定性作用，减少政府及其事业单位在商业运营中的直接活动，通过建立健全农民教育信息化产品与服务的评估准入机制、知识产权保护机制和利益分配机制，构建良好的政策环境，推动、引导市场机制发挥作用，调动企业参与建设农民教育云，推动农民教育商用云的快速发展。

第二节　法律保障

如何用法律保障农民在线教育是一个系统问题，这个系统问题既涉及农村职业教育、终身教育，还涉及在线教育。首先，农民在线教育是农村职业教育的一部分，通过立法，把农村职业教育作为一项长期稳定的制度，并赋予农民受教育的权利，这将对农民素质的提高大有裨益；其次，农民在线教育也是终身教育的一部分，终身教育的立法需要兼顾农民在线教育；最后，农民在线教育也是在线教育的一部分，通过立法来引导在线教育走上法治化轨道。

一、农村职业教育法律保障

农村职业教育是培养建设农村和为农村社会服务的经营管理、技术等人员的教育。在我国，农村职业教育的法律保障还比较欠缺。虽然近几年关于农村职业教育的文件和规章制度出台不少，但是并没有真正意义上的农村职业教育法律，这就使得农村职业教育更多的是依靠政策的保护，当然也受政策的影响，政策的变化会带来农村职业教育利好的变化，但也有不持续、不稳定的情况。因此，需要从法律的角度，保障农村职业教育的持续性和稳定性。虽然在《中华人民共和国职业教育法》中提到农村职业教育，但是规定比较笼统，没有真正涉及农村职业教育的具体要求和规定。

在农村职业教育立法进程中，首先是要明确政府的义务与责任，以及以法律形式加强对农民职业教育的宏观管理和监督；其次，要以法律手段规定农村职业教育经费的来源及用途；最后是农村职业教育中的教育内容、形式和培训机构等内容的规定。

二、终身教育法律保障

农民在线教育属于继续教育，也是属于终身教育的范畴。无论是继续教育，还是终身教育，法律的保障体系都没有建立起来。全球终身教育背景下，学习型社会的建设是人类可持续发展的奋斗目标之一，法治化的推进是保障学习型社会建设的重要选择。目前，公民学习权的全面实现需要创设新路径，学习型社会的建设也需要有坚实的法律基础。

我国终身教育立法需要解决以下主要问题：

第一，保护公民的终身学习权，确保每一个公民在任何阶段都有接受教育的权利和学习的机会，在线教育给每一个公民都能拥有学习机会提供了更大的可能。

第二，坚持以政府为主导，建立终身教育体系，架构终身教育"立交桥"。在线教育因为具有互联网特性，在终身教育"立交桥"的构建上将发挥重要作用。

第三，建立终身教育的组织，加强终身教育的管理，设置终身教育机构和专职教育管理人员，建设学分银行，将终身教育经费列入国家教育经费预算。

第四，保障弱势群体，例如农民群体，面对复杂的教育环境，采用"弱势补偿"原则，针对弱势群体实行"差别待遇"。

上述问题需要通过终身教育的专项立法，在我国建立起分层学习权保障制度，推进公民学习权的全面落实。在终身教育的立法中，作为弱势群体的农民在学习权上将得到进一步保障。

韩国是最早通过立法的途径推动终身教育体系构建的国家之一，系统的法律法规促进了终身教育在政策保证、参与部门、财政支持等方面的体系建设，设立了专门的执行机构，建立了专业化的终身教育师资队伍，实行了终身学习账户制度，使得终身教育的发展取得了显著的成效，其经验也是值得我们借鉴的。如果我国的终身教育有了法律保障，农民教育也就有了相应的法律保障。

三、在线教育法律保障

农民在线教育是在线教育的一个细分领域，目前，在线教育领域缺乏法律保障。在线教育在兴起和发展的过程中，还需要不断完善，涉及课程版权、网络安全等问题都还在探讨之中。完善农民在线教育知识产权服务体系，建立公平竞争的市场秩序。在线教育涉及一系列法律问题，特别是在线课程的知识产权问题。要深入研究我国现有涉及知识产权的法律法规，明确著作权法等适用于在线课程的相关法律，及时做出明确的司法解释；加大知识产权保护力度，严厉打击各种假冒、仿制等侵权行为，形成保障知识创新者权益的法治环境。随着信息技术的快速迭代，各种教育题材的短视频在抖音、快手、视频号等媒介上快速传播，教育类的小程序、微信公众号、APP的运用越来越普遍，对于短视频和这些软件的规范性也需要发挥政府监督、管理作用，通过制定行业标准来进行市场规范，保证市场竞争的公平性，促进在线教育的良性发展。同时，要对在线教育学分认可、学历学位认证、教师权益等法律问题开展专题研究，适时研究出台"在线教育管理条例"等法规，推动"在线教育促进法"的立法工作进程，为在线教育健康发展提供有力的法律保障。要积极推动和主动参加在线教育相关的国际条约的起草和制定工作，加强对外交流合作，切实维护我国利益。

对于农民在线教育，需要建立规范化农民在线教育准入体系。按照包容审慎原则，完善农民在线教育准入制度，明确准入条件与资质认证流程，建立健全在线教育资源的备案审查制度，切实维护国家安全、社会公共利益和师生个人信息安全。制定在线教育准入负面清单，允许各类主体依法平等进入未纳入负面清单管理的领域，对负面清单适时动态调整。按照国家有关规定，规范面向农民利用互联网技术实施线上培训活动。

第三节 技术保障

在线教育源于信息技术的进步，农民在线教育离不开信息技术的保障。信息技术越发达，在线教育越容易实现。同时，信息技术越发达，在线教育伴随的安全问题也越来越重要。技术保障不同于政策和法律保障，技术是快速变化的，技术的变化会带来在线教育形式的变化，随之出现新的安全问题。例如，随着信息技术的快速发展，人类进入5G时代，大数据、人工智能也广泛用于在线教育。这就为在线教育提供新的机遇，也提出新的挑战。

一、5G技术提升农民在线教育的便利性

长期以来，困扰在线教育的一个技术问题就是网速慢，因为网速慢，所以视频课程打不开，或者打开后运转不流畅，或者打开后图像不清晰等等，导致在线学习用户的体验感不强，用户的黏性也就减弱了。移动互联网从2G到4G，使得在线教育可移动，在线教育从电脑、电视转向平板和手机等移动设备，这是在线教育一个质的飞跃。移动互联网再从4G到5G，就是在线教育一个质与量的整体提升。5G时代的到来，手机上网速度更快、知识传输量更大、界面更清晰、可观看性更强，使得农民在线学习更加便利，不受网络速度的限制。因技术的提升也会有更多的在线教育内容出现，在线教育用户也将越来越多。因此，农民在线教育需要抓住第五代移动通信技术（5G）商用契机，加快推动物联网、云计算、虚拟现实等技术在农民教育领域的规模化应用，提升教育服务数字化、网络化、智能化水平。鼓励社会力量参与农民在线教育基础设施建设和运营管理，提供专业化服务。

二、大数据融合农民在线教育的资源、技术和应用

目前，很多农民在线教育提供的知识并不是农民想要的知识，这是农民在线教育最大的痛点。我们如何才能知道农民对在线教育的消费需求呢？大数据是可以帮到我们的，例如：大数据可以帮我们分析，什么样的教与学顺序对不同特点的农民有效，什么样的学习行为预示了农民的满意程度、参与程度和学习程度，什么特点的学习环境与更好的学业成绩相关，等等。大数据在农业领域的运用才刚刚起步，农业和农民的数据收集和整理是一个庞大的工程，目前大数据还主要应用于农业生产，在农民教育中的应用还比较少。但是，未来大数据在农民教育中的作用会更加重要，应加快数据库的建设，包括农民数据库、师资数据库、课程数据库以及教育过程数据库。这些教育数据库的建立和应用对农民在线教育的精准度非常有帮助，农民在线教育越精准，用户黏性就越强。当前，大数据对于农民在线教育而言还只是一种收集、整合资源的工具，这种工具也还处在建立的初期。随着大数据知识和技术的不断普及，大数据也将成为一种解决问题或者实现某些功能的方法，农民在线教育中的各种问题将借助大数据来解决，在线教育的新技术、新功能也将借助大数据来实现。最终，大数据将成为一种融合资源、技术和方法的能力，大数据在农民在线教育中的演变就是一个从资源到应用、再到融合的过程。

三、人工智能提升农民在线教育的互动性

各类情境感知设备的使用和大数据的发展，激活了以数据为支撑的人工智能的发展，在人工智能的支撑下，蕴含"聪慧、敏捷、新颖、灵活"等文化信念的智慧学习将成为在线学习的常态。这种具有多种活动支架和便利学习工具的人性化的体系，是利用技术促进学习的最新诠释。在线学习体系建设需要对技术保持开放的心态，便各类最新、最便利和最有效的技术能被快速吸收到在线学习体系建设过程中来，支撑学习体系的发展，实现"互联网+"所蕴含的通过互联网实现人才培养过程的全系统变革，真正发挥技术促进在线学习改

革和发展的作用。人工智能的发展已经推进了虚拟现实技术在教育中的应用，未来这种人机的互动将更加丰富，将大大提高在线教育的体验感和现场感。

四、基础设施保障

近年来，党和政府大力推动农村互联网建设，发布了《中共中央　国务院关于实施乡村振兴战略的意见》《乡村振兴战略规划（2018—2020）》《国家信息化发展战略纲要》等政策文件。2019年5月，中共中央办公厅、国务院办公厅印发《数字乡村发展战略纲要》，强调数字乡村是乡村振兴的战略方向，也是建设数字中国的重要内容。2019年12月，农业农村部、中央网络安全和信息化委员会办公室联合制定印发《数字农业农村发展规划（2019—2025）》，提出以数字技术与农业农村经济深度融合为主攻方向，以数据为关键生产要素，着力建设基础数据资源体系，加强数字生产能力建设，加快农业农村生产经营、管理服务数字化改造，强化关键技术设备创新和重大工程设施建设，推动政府信息系统和公共数据互联开放共享，全面提升农业农村生产智能化、经营网络化、管理高效化、服务便捷化水平，用数字化引领驱动农业农村现代化，为全面实现乡村振兴提供有力支撑。目前，我国已初步建成融合、泛在、安全、绿色的宽带网络环境，基本实现农村宽带进乡入村。截至2019年6月，我国光纤接入用户规模已达3.96亿人，行政村通光纤和通4G的比例均超过98%。农村网民规模达2.25亿，占整体网民的26.3%，较2018年底增长305万（数据来源于工业和信息化部网站）。

技术的运用要以相应的载体为依托，云技术的运用也需要依托相应的载体，即物质载体与虚拟载体。物质载体指"端"与"管"，虚拟载体即"云"与"台"。物质载体是前提与基础，虚拟载体建立于其上。进入21世纪以来，飞速发展的信息技术逐步蔓延并走进乡村，成为乡村生产生活的必需品，例如智能手机与无线网络在农村已基本普及，部分条件好的乡村甚至已有了有线网络、电脑、网络电视以及Wi-Fi等，这为农民职业教育云课程建设提供了资源保障。

第一，智能手机、电脑、网络电视等电子终端设备是云课程建设最基础的物质资源保障。云课程的载体是云技术所依托的电子设备，否则云课程只能停留在理念层面。目前，我国乡村不仅已有大量智能手机用户，而且乡村农民具备购买智能手机的能力，甚至具有购买电脑与网络电视的能力。也就是说我国乡村已经基本具备云课程运行所需的终端电子设备，这为云课程的实施提供了可能。这类显在或潜在的电子设备为农民职业教育云课程体系建设提供了硬件支撑。随着乡村经济的发展，智能手机、电脑、网络电视等电子终端设备在农村将会更加普及，为云课程的实施提供更强大的物质保障。

第二，微信、QQ、抖音、视频号、快手、微视频与各类网络播放器等软件是农民职业教育云课程实施的另一重要保障。云课程的建设不仅需要"端"与"管"在硬件上的支撑，也需要"云"与"台"的软件支持。一方面，在新农村建设、城镇化等相关政策的推动下，部分乡村已覆盖有线网络，而在能使用手机的地方基本也能使用无线网络，这使得"管"已具备乡村基础。另一方面，QQ、微信与多种播放器能在手机、电脑等终端设备使用，为云课程提供了"台"要素的保障。但是，目前农民职业教育课程云尚未真正形成，这是未来农民职业教育云平台建设的重点与难点。

五、技术管理服务保障

（一）资源共享服务

农民在线教育不同于其他类型的在线教育，大部分的在线教育属于公益事业，很多资源是政府提供资金和政策实现的，这些资源一般都集中在学校，例如中央农业广播电视学校以及一些高等农业院校。中央农业广播电视学校系统拥有广播、电视、互联网、卫星网、报纸、杂志、音像出版、手机短信、热线电话、文字教材等多种教学媒体资源。在中央电视台第七套节目拥有"农广大地"栏目，在中央电台拥有"致富早班车"播出时段，建有卫星主站（取得国家卫星专网许可），在全国基层校建有360个卫星终端接收站，可利用卫星视频召开会议、开展教育培训，在全国农村建立了约1.2万个"大喇叭"广播站，中国农村远程教育网在全国33个省级农广校开通了统一域名的互联网站。这些面向农民教育的资源还是比较丰富的，但是，由于资源相对集中在这个系统内，又缺乏市场机制，资源的使用效率有待提高。与此同时，农民在线教育企业运营机制灵活，熟悉在线教育运行，了解在线教育市场需求，但由于缺乏这些公共资源，这类企业的经营非常艰难。

因此，政府应开放农民在线教育市场，从农民在线教育整体规划和布局出发，将部分在线教育公共资源共享给在线教育企业。学校主动与企业结合，让更多的农民在线教育企业共同参与来整合资源，做大做强农民在线教育市场。

（二）农民在线教育行业组织建设

农民在线教育的市场巨大，但是市场极不成熟，还处于起步摸索阶段。在这个阶段，难免有许多不规范的地方，既需要政府强化引导，也需要行业自律，加以规范。因此，需要建立农民在线教育行业协会，将行业内从事农民在线教育的组织联合起来，制定行业规则，强化行业自律，引导行业健康有序发展。

本章小结

1. 农民在线教育的保障体系是一个系统而又复杂的工程。农民在线教育需要从政策、法律法规、技术等三个方面予以保障。

2. 农民在线教育的政策保障包括三个方面的政策，一是农村职业教育方面的政策，二是在线教育方面的政策，三是终身教育方面的政策。

3. 在线教育源于信息技术的进步，农民在线教育离不开信息技术的保障。随着信息技术的快速发展，5G技术提升农民在线教育的便利性，大数据融合农民在线教育的资源、技术与应用，人工智能提升农民在线教育的互动性等，这为在线教育提供新的机遇，也提出新的挑战。另外，技术的运用要以相应的载体为依托，"云"技术的运用也需要依托相应的载体，基础设施保障对于农民在线教育也极为重要。除此之外，技术管理服务保障也是重要的一环，包括了资源共享服务和农民在线教育行业组织建设。